改訂版

東京近郊
ゆる登山

kaiteiban
TOKYO KINKOU
YURU-TOZAN

西野淑子

ブルーガイド

kaiteiban
TOKYO KINKOU
YURU-TOZAN

東京近郊 ゆる登山

contents

■本書に記載した交通機関、宿泊施設、その他データについては、2021年8月現在のものを使用しています。これらは変更される場合もありますので、事前に問い合わせるなど十分調査してからお出かけください。また、記述は無雪期を基準にしています。
■本書に記載したコースタイムは、実測を元に、健康な成人が要する標準的な歩行時間と考えた時間を記載しています。休憩時間は含みません。コースタイムは個人の経験、体力、体調、荷物の量、天候によって大きく変化しますから、余裕を持った無理のない計画を立ててください。
■本書の詳しい見方は、カバー折り返しをご覧ください。

地図凡例：
------ 新幹線
—— JR
—— 私鉄（一部のみ掲載）
● 駅名

ココロに残る、山登り

三頭山

この風景の中に、自分を置いてみたいと思いませんか？

高尾山

棒ノ折山

北横岳

歩いた人だけが出合える、ステキなごほうび。

ここまで来たよ～ぉ

楽しくて、気持ちよくて、
　気づけばずっと笑ってる。 ▲

山頂だぁい♪

那須岳神社

はい、チーズ！

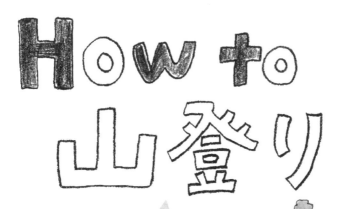

How to 山登り

山歩きって楽しそう！ 体によさそう！
でも……、何から始めたらいいのかな？
ここでは、そんなあなたに「はじめの一歩」をご案内。

山に
行きたい
けど
どうしたら
いいのかな
…？

何が必要なの？

① 服装　P12
② 持ちもの　P14

⛰ とりあえず、あるもので始める？

　日帰りハイキングなら、「多少汚れてもOKな、歩きやすい格好」であればいいのです。とりあえずどこか行きたい！　なら、Tシャツにジーンズ、スニーカーでも。ただ、山歩きっていつもより長い時間歩くし、登ればけっこう汗もかきます。快適に山歩きをするためには、登山専用のアイテムをそろえたほうがいいものもあるのです。

こんなかんじ？

登っちゃっていいですか？

③ 歩きかた　P16
④ 山のお約束ごと　P18
⑤ プランニング　P20

⛰ 街なかを歩くのとはちょっと違う

　たっぷりの緑の中を歩いてリフレッシュ、山登りは楽しくて気持ちがいいものです。でも、登山道は舗装されていなくて、分かりにくかったり歩きにくかったりすることがあります。携帯電話がつながらないところも多いです。安全に気持ちよく歩くために、いくつか覚えておきたいことがあります。

そこに山があるから!!
道もあるし…

服装

快適山歩きのためのウエアのポイントは「すぐに乾く」こと、
そして「薄手のものを重ね着する」ことです。
でも、最初から完璧にそろえる必要はありませんよ。
まずは手持ちのウエアをコーディネートして山に行ってみて、
「快適じゃない」と感じたところから変えていきましょう。

春〜夏 spring→summer	Item	秋〜冬 autumn→winter

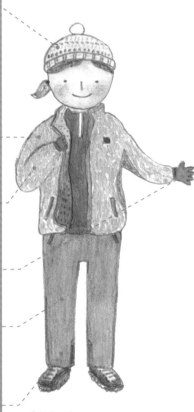

帽子
おしゃれ重視でOK！　夏はつばのある日よけできるもの、冬はフリースやウールで耳まですっぽり覆うものが快適ですよ。

Tシャツ
汗をすぐに吸い、乾きも早い化学繊維のシャツがおすすめ。綿シャツは汗をよく吸ってくれるけれど、乾きにくいのが難点です。

アンダーウエア
冬は保温性にすぐれたもの、夏は日焼け・虫よけ対策に薄手のものを。シャツ5000〜1万円前後。タイツ4000〜6000円前後。

アウター
フリースや薄手のダウンジャケット。山歩きの行き帰りや休憩時に羽織ります。薄手のウインドブレーカーも使い勝手がいいです。

手袋
歩いていると体は暖まっても、指先は冷えてしまうことが多いです。ウールの手袋がおすすめ。

パンツ
足の上げ下げがしやすく、撥水性・速乾性も備えた登山用のパンツが快適。1万5000円前後。乾きにくく伸縮性もないジーンズは、山ではおすすめできません。

靴下
厚手の靴下を1枚。登山用のウールの靴下が履き心地がよく、疲れにくいです。1500〜2500円。

下着
日帰りハイキングなら普段使いのもので大丈夫ですが、快適さにこだわるなら、登山用品店で扱っている速乾性素材の下着を。4000〜6000円。

山スカート
大きく足を上げるような岩場の上り下りのないルートなら、山スカート＋タイツの組み合わせは足さばきがよくて機能的です。5000円〜1万円。

ウエアリング春夏秋冬

寒暖のメリハリがある日本の四季。
ウエア選びのポイントを季節ごとに挙げてみましたよ。

春は薄手の重ね着で調節

　春先はまだ肌寒く、初夏になると気温が高い日も多くなる春は、快適だけどウエアリングに迷う季節。薄手のウエアを重ね着し、身体が温まってきたら脱いで体温調節を。アウターは薄手のウインドブレーカーなど熱のこもりすぎないものがおすすめ。

夏は乾きやすさと日除け優先

　汗をたっぷりかく季節、乾きやすい素材のウエアを選びましょう。日除け対策も万全に。暑いからといって素肌を露出すると日焼けや虫さされの原因に。薄手の長袖シャツを着用したり、半袖シャツにアームカバーをつけるのもよいでしょう。

秋は軽い防寒具を持って

　晴れた日は歩き始めると汗ばむくらいでも、空気は冷たくて休憩していると冷えてくる季節。薄手のダウンやフリースのジャケットをザックに入れておき、休憩時にさっと羽織ります。行動中は着ないので、軽くてかさばらないものがベターです。

冬はアンダーウエアから保温を意識

　冷えた空気の中を歩くのは気持ちよいものです。ウールなど保温性のある素材のアンダーウエアを身につけましょう。歩いているとそれなりに体が暖まるので、行動中のアウターは通気性のよいフリースや、薄手のウインドブレーカーが適しています。

持ちもの

専用の道具を一気にそろえる必要はありません。
山が好きになってくると、山道具を少しずつ買い足して
いくのも楽しみになります。はじめにそろえておきたい
「三種の神器」は靴、ザック、雨具。

Item_1

靴

予算：1万5000〜3万円

バディアGT Ws（ローバー）

ソールがやや柔らかめで足運びが快適な
トレッキングシューズ。3万800円
☎03-3555-5605（イワタニ・プリムス）

　山歩きは数時間山道を歩き続けるので、靴の
よしあしで快適さ、疲れ具合が全く違ってきま
す。登山用の靴は、街歩き用のスニーカーに比
べると靴底が硬めで溝が深く、滑りにくくなっ
ているのが特徴。舗装道路に比べてでこぼこし
て、ときには岩や丸太の階段などもある山道を
安定して歩くことができます。

　買うときは、専門のスタッフがいる登山用品
店がおすすめ。試着も必ずしてください。靴を
履いて店内をぐるぐると歩くうちに、靴が足に
合う・合わないがだんだん分かってきます。遠
慮せず試して、最良の一足を選びましょう！

Item_2　　　　ザック

予算：1万〜2万円

　日帰りハイキングなら、街歩き用のデイパックでもとりあえず何とかなりますが、買うなら20〜25ℓくらいの大きさが使い勝手がいいです。このサイズだと形によって背負い心地・使い勝手が左右されることはあまりないので、好きな色や形のものを選びましょう。女性の体型に合うように作られたモデルもあります。太いウエストベルトがあるものは、背負ったときに荷重を分散してくれます。

フューチュラ25SL（ドイター）
普段使いしやすいデザインながらも、登山に
適した機能が充実。1万7600円
☎03-3555-5605（イワタニ・プリムス）

Item_3　　　　雨具

予算：1万5000〜4万円

　雨を通さない防水性に加えて、登山用の雨具の大きな特徴は「透湿性」。雨具の内側の水蒸気を外に逃がしてくれるのです。外に水蒸気が逃げないと、シャツや下着がびしょぬれになり体が冷えてしまいます。防水透湿性に優れた素材・ゴアテックスを使ったものや、同様の機能を持つ新素材のものがあります。

ストームクルーザー（モンベル）
防水透湿素材ゴアテックスを使用。
Women'sのジャケット2万2880円（5
色）、パンツ1万4850円（3色）
☎06-6536-5740（モンベル・カスタマ
ー・サービス）

ほかにはこんなものを持っていきますよ。

●水筒　ペットボトルの水やお茶でも十分です。秋〜冬は魔法瓶に温かい飲み物を入れて。歩く時間にもよりますが1ℓ程度、汗をたっぷりかく夏は1.5〜2ℓ前後欲しいところです。
●ヘッドライト　ペンライトでもOK。予備の電池も忘れずに。

●地図・コンパス　コースタイムやルートの描かれた登山地図が使いやすいです。地図の入ったガイドブックをコピーしてもOK。
●ストック　長時間歩くとき、とくに下山で足の疲れを軽くします。
●救急キット　ばんそうこうと常備薬、包帯やテーピングなど。

●タオル・手ぬぐい　首に巻いたり汗をふいたり。
●おやつ（行動食）　好きなものを好きなだけどうぞ。
●日焼け止め　曇りの日でもけっこう日に焼けます。
●レジ袋　ゴミ袋にしたり、ぬれた服などを入れたりします。

歩きかた

山は歩きかたによって疲れかたが大きく変わります。
せっかく山に来たんですもの、
気持ちよく歩けたらいいですよね。

50分歩いて10分休むく
らいのペースが体に負担
がなくていい感じ。水分
補給もしましょ。

登りは意識してゆっく
り歩き。おしゃべりし
ていても息が切れない
程度のペースでね。

ラクラク歩き　四つのツボ

❶　登りはゆっくり、小刻みに

　平地で普通に歩くのより、ずっとゆっくり、
特に登り斜面は街歩きの半分くらいのゆっく
りペースがちょうどいいのです。そのかわり、
なるべく休まずに歩きます。また、岩場で大
きな段差をえいやっと登ると、あっという間
に疲れます。なるべく小さな段差を見つけて、
小刻みに足を運ぶようにしましょう。

❷　のどが渇く前に飲む

　のどが渇くと一気に疲れやすくなります。
水分は、一度に体の中に取り入れられる量が
決まっていて、のどが渇いてから水をがぶ飲
みしても全部は吸収できません。休憩ごとに、
口に含む程度でもいいので、水やスポーツド
リンクを飲みましょう。冬は温かい飲み物の
ほうが体を冷やさずにすみます。

山頂でのんびりひと休み〜。寒くなってきたら上着を着て、体を冷やさないようにね。

下りは慎重に。かかとからでなく、足全体で地面を踏むようにすると安定しますよ。

道迷いやケガは、下りで疲れて気が緩んだとき起きることが多いんですよ。気をつけて〜。

調子が悪いなぁ…と思ったら

今日は体が重いな、疲れているなと思ったら、引き返すのも大切なことです。無理して歩いてもつらいだけ。もっと調子のいいとき、天気のいいときにまた来ればいいのです。山は逃げません！

❸ お腹がすくまえに食べる

お腹がすいても一気に疲れやすくなります。食べ物は、口にしてから体の中でエネルギーになるまで時間がかかります。ちょっとお腹がすいてきたかな？　と思ったら、アメやチョコレートなどのおやつを口にしましょう。一気にたくさん食べると消化もよくないので、少しずつこまめに食べるのがいいです。

❹ 下りこそ、足運びをていねいに

登りより下りのほうがラク？　実はももやひざに負担がかかるのは下りのほうなのです。長く歩いて疲れてきたときほど、集中して歩きましょう。急な斜面では、怖くて重心が後ろにかかってしまいがちですが、かえって転びやすくなります。足全体で地面を踏むように意識しましょう。

山のお約束ごと

安全に、楽しく山を歩くために、
覚えておいたほうがいい「お約束ごと」がいくつかあります。
知って心がけることで、山歩きがずっと快適になりますよ。

▲▲ どこにでもある……わけじゃない
山のトイレ

山歩きのとき、一番不安に思うのが「山でトイレに行きたくなったら?」。公園として整備されている山なら、園内にきれいな水洗トイレがある場合もありますが、基本的に山の中にトイレはないと思いましょう。最寄り駅で、あるいは登山口でトイレを見つけたら、とりあえず入って用を足しておきます。

トイレがあってもペーパーがない場合も多いので、水に流せるティッシュペーパーを常備しておきましょう。
ときどき見かけるのが、100円程度の清掃協力金を払って入るチップトイレ。山ではトイレの維持管理も大変なので、きちんと協力を。

▲▲ 早朝出発、早めの下山が吉!
山の行動時間

山の中には街灯がなく、日が沈めば真っ暗に。暗くなる前に下山するのが鉄則です。日没前でも、木々がうっそうと茂った山道を歩いているときに太陽が山の陰に隠れると、一気に暗くなってしまいます。
本書を含め、山のガイドブックや登山地図はコースタイムに休憩

時間を含めていません。休憩する時間のことも考えて計画を。登山口の最寄り駅からバスに長時間乗るようなルートだと、自宅を出てから山歩きを始めるまでにもかなり時間がかかります。
歩く時間の短いルートでも、早朝出発、早めの下山。遅くとも15時までには下山(行動終了)を。

▲▲「助けて！」がなかなか通じない
山の事故

　ニュースで話題となる道迷いやケガなどの遭難事故。山は携帯電話がつながりにくい、クルマが入れない山道ではすぐには救助の人が来てくれない……というのは、覚えておきましょう。

　山に慣れていないうちは、山に人が多くいる休日に出かけるほうが、道行く人に助けを求めやすいです。山に慣れてきたら、少しでも自分たちで対処できるよう、けがの応急処置を勉強したり、地図の読み方を覚えていくのもいいと思います。

▲▲限りあるはかない命をみんなで守る
自然保護

　過酷な環境の中で精一杯生きている、山の植物や動物。彼らを傷つけないように配慮をするのが、山を歩くときの最低限のお約束です。山で歩いていいのは登山道と決められた道だけ。道からはずれたところに三脚を立てて写真を撮るのもNGです。

　当たり前のことですが、自分たちが持ち込んだゴミは全部持ち帰りましょう。案外に多いのが、ポケ

ットからこぼれてしまった紙くずやお菓子の包み紙など。これも確実にゴミとなって残ってしまいます。

▲▲ホントに変わりやすいんです
山の天気

　歩き始めたときはいい天気だったのに、あっと言う間に黒い雲が出てきて雨に降られてしまった……なんてのはよくある話。天気予報が晴れだから、山麓で晴れていたからといって油断してはいけません。

　雨で服がぬれて風に吹かれたりすると、夏でも寒くてつらいです。たとえ晴れ予報でも、雨具は必ずザックに入れていきましょう。

　ザックの上のほうに入れておけば、急に雨に降られてもすぐ出して着ることができます。

▲▲ちょっとした気遣いで気持ちよく
登り優先と「こんにちは」

　山を歩いていると、人とすれ違うとき「こんにちは」と声をかけられます。山では知らない人同士でも声をかけあいます。

　人とすれ違うときは、登ってくる人に道をゆずる「登り優先」が基本ルール。疲れている人への気配りですね。息を切らして登ってきている人から「疲れたからお先にどうぞ」なんて言わ

れることも。状況により臨機応変にいきましょう。すれ違いで人を待つときは、足場の安定した山側に避けましょう。

プランニング

How to
山登り…5

ではいよいよ、山に行く計画を立ててみましょう。
どこへ行こう、どうやって行こう、何を持っていこうかな……。
考えるのも山の楽しみのひとつです。

どの山に行く？　Step1

　本書のようなガイドブックや山の雑誌などを参考にしながら、行ってみたい山を選びます。はじめは短めコースの山で、自分の歩くペースや体力をつかむといいでしょう。

下調べをする　Step2

　コースのおおまかな内容を調べたり、登山口への交通機関のチェックをします。電車やバスの本数が少ない場合は、事前に時刻表をメモしておくと役立ちますよ。

■ 持ち物チェックリスト

ザック		おやつ（行動食）	
雨具（上下）		タオル・手ぬぐい	
防寒・防風ウエア		帽子	
水筒		手袋	
救急道具・健康保険証		携帯電話・スマートフォン（予備電池も）	
地図（ガイドブックのコピー）		ゴミ袋	
コンパス		日焼け止め・虫よけ	
ヘッドライト（予備電池も）		温泉セット・着替え	

お出かけ前に計画書

　山名や歩くコース、参加メンバー、装備などを書いた「登山計画書」を作り、登山口や最寄り駅にある登山届ポストに入れていきます。事故があったとき、提出した計画書をもとに迅速な捜索をしてもらえます。登山者向け情報サイトではフォームに必要事項を入力すると計画書が作成できるものもあります。計画は必ずメールなど書面で家族に伝えましょう。

帰ったら山歩きの振り返りを

　写真を整理したり、登山の記録をサイトにアップしたり……。山歩きは終わってからも楽しいものです。計画どおり歩けたか、歩いていて無理をしたりつらかったところはなかったか、持ち物は多過ぎたり足りなかったりしなかったか、1日を振り返るのも大切。うまくいかなかったところは次回の山歩きで改善し、自分の山歩きスタイルを見つけていきましょう。

山を楽しむ！　Step3

　マイペースでのんびり、景色を楽しんで歩きましょう。写真を撮ったり絵を描いたりするのも楽しそう。下山で焦ることのないよう、歩く時間にはゆとりを持って。

無事下山　Step4

　温泉に入ったり、ストレッチをしたり、疲れを体に残さないようメンテナンスをしておきましょう。帰ったら靴やザックの汚れを落とすなど、道具類の手入れも忘れずに。

最新情報を確認

　登山道の情報や交通状況、天気予報などは、最新情報を確認しましょう。ガイドブックに掲載されている登山道は、その後の自然災害などで通行できなくなっている可能性があります。観光協会やビジターセンターのサイトで登山道の状況を確認しましょう。天気予報は気象庁の予報だけでなく、山岳地域に特化した天気予報なども確認するとよいでしょう。

では、山のガイドへ。

山女子に聞きました
山の便利アイテムを教えて！

山で気持ちよく、楽しく過ごすためのお役立ちアイテム。
山慣れた人たちに教えてもらいました。

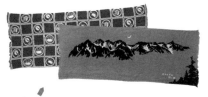

手ぬぐい
汗をふいたり頭や首に巻いたり。カラフルな手ぬぐいは身につけると気分が上がります。（千葉／ヒロミさん他）

ネックウォーマー
寒い時期の休憩時、首まわりが暖かいと快適です。帽子にもなるタイプのものを愛用しています。（東京／トモコさん）

◀ 島ぞうり
夏の暑い日は、山から下りて風呂に入ったあと、島ぞうりに履き替えます。少しかさばりますが、軽いのでザックに入れておいてもOK。（東京／ジュンさん）

ウエットティッシュ ➡
山でご飯を食べる前とか、登山道から下りてきて、手が汚れてるけどすぐに手を洗う場所がないときに使ってます。（埼玉／ユウさん他）

サコッシュ
ザックを下ろさなくてもすぐに出し入れできるから便利。カメラや地図、アメなどのおやつを入れています。（神奈川／カズさん他）

リップクリーム ◢
口が乾きやすいのでリップクリームは必需品。唇もけっこう日焼けするんですよ。カラビナ付きのケースに入れたものをズボンのベルト通しにつけ、すぐ使えるようにしています。（東京／アヤさん他）

温泉セット
旅館でもらう薄手のタオルと、あかすり用のゴシゴシタオル、替えの下着のセットです。どこで温泉に出合えるかわからないので、いつも必ずザックの底に入れてます。（東京／トシさん）

歩くことに慣れる

山を歩いてみたい！　と思ったときが、
きっかけのとき。
まずは特別な山の道具はなくてもOK、
自然の雰囲気が心地よい、ゆるゆる山を
歩いてみましょう。

高尾山

たかおさん 東京都八王子市

初めての山歩きにおすすめ、東京のオアシス

標高●599m
歩行時間●2時間20分
レベル●初めてでも

都心からのアクセスが便利で、いつも多くの人でにぎわう山。
由緒あるお寺あり、豊かな自然あり、茶店あり……、
テーマパークのような、楽しくて気持ちのいい山です。

山頂の展望台から。富士山ってこんなに大き
くてきれいだったんだな、ってなんだか感動

薬王院手前の石段。108段あります。ゆっくり、ゆっくり、緑を見上げながら足を進めて

都心に近く、江戸時代には信仰の山として栄え、今も昔も多くの人々に親しまれている高尾山。山頂周辺は散策路が整備されていて、いくつかのルートがあるのですが、薬王院の表参道のある1号路から山頂を目指しましょう。

京王線の高尾山口駅から人の流れに沿って車道を歩くと、5分ほどでケーブルカーとリフトの乗り場に到着します。ここから散策路を歩くこともできますが、ケーブルカーで一気に271mの高さを登って、高尾山駅までアクセスしてしまいましょう。土産物屋さんを眺めたり、展望台で景色を楽しんだら、スタートです。

まずは山の中腹にある薬王院を目指して歩きます。杉林に囲まれた道は舗装されていて、ほとんど平坦です。途中、108段の石の階段が現

れるので、がんばりましょう。平坦な道を緩やかに登ることもできます。階段を過ぎ、さらに歩いていくと、風格ある建物の薬王院に到着します。茶店や売店もたくさんあるので、お参りがてら眺めていくのもいいでしょう。

薬王院の境内を過ぎ、急な石段を登っていくと、樹林がいっそう深くなってきます。とはいえ、道はずっと広く緩やか。周りを見ると木々が茂り、耳をすませば鳥のさえずりや、風が木々を揺らす音が聞こえてきます。豊かな森の発する気配を感じながらのんびりと歩くうちに、高尾山の山頂に到着します。

山頂は広場のようになっていて、いつも多くの人々でにぎわっています。茶店がいくつも建ち並び、中でゆっくり食事やお茶をすることも

1.ケーブルカーは車窓からの眺めも楽しみ　2.高尾山はミシュランで三ツ星の観光地でもあるのです　3.高尾山薬王院 飯縄権現堂　4.高尾山を守る烏天狗　5.高尾山の山頂はいつも人と大にぎわい　6.静かな山歩きが楽しめる6号路。1号路と同じ山とは思えないほど緑にあふれています　7.高尾山口駅へ向かう参道も風情があります

できます。高尾ビジターセンターもあるので、立ち寄っていくのもいいでしょう。ビジターセンターの先には大見晴園地があり、天気がよければ富士山の姿が大きく眺められます。

　山頂からは来た道を戻ることもできますが、少し雰囲気の違う、高尾山口駅に直接下山する6号路を通ってみましょう。「6号路」の道標に従い、山道を下っていきます。1号路に比べると道幅は狭く、歩いている人の数もずっと少なくなります。道の両側には木々や草がうっそうと茂り、かなり山らしい雰囲気。歩くうちに水の流れる音が響くようになり、途中からは小さな沢沿いの道を

高尾山名物
天狗焼!

森にいるよ～

歩くようになります。地面はところどころぬれていて、少し滑りやすいので注意しながら歩きましょう。

　沢の音を聞きながら緩やかに下るうちに、琵琶滝に到着。今も修験者の修行の場になっている神聖な場所です。さらに下っていくとやがて舗装道路に出て、進んでいくうちにケーブルカーの清滝駅に到着します。高尾山口駅までは約5分の道のりです。

　6号路は、混雑時には上り専用の一方通行になる場合があります。そのときは、山頂から稲荷山コースを歩いてもよいでしょう。明るい樹林の中を歩く、心地よいルート。途中には見晴らし台もあります。

▶ Hiking data

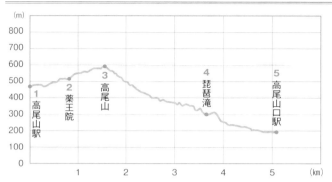

▶ Info

山頂からの下山ルートは6号路以外にもあります。歩行時間をもう少し短く、でも山の雰囲気はしっかり味わいたいならおすすめは3号路。1号路とは雰囲気の違う常緑樹が多めの森を歩き、ケーブルカー山頂駅に向かいます。

▶ Course time

| 高尾山口駅 | 30分 → | 薬王院 | 20分 → | 高尾山 | 1時間 → | 琵琶滝 | 30分 → | 高尾山口駅 |

♨ 立ち寄り湯

京王高尾山温泉 極楽湯

高尾山口駅に直結の日帰り入浴施設。柔らかい肌触りの天然温泉を満喫できます。男女別に大浴場と露天風呂があり、露天風呂は空が広くのびやか。座り湯や炭酸温泉、替わり風呂など種類豊富なお風呂も魅力です。入浴後は食事どころで自慢のとろろそばを味わったり、うたた寝処でのんびりとくつろいで。

東京都八王子市高尾町2229-7
☎042-663-4126
京王線高尾山口駅下車すぐ
8:00〜22:45、無休、入浴料1000円
(土・日曜、祝日は1200円)

●アクセスデータ

ゆき:新宿から京王線準特急で50分(390円)、高尾山口駅下車。徒歩6分ほどの高尾山ケーブルカー清滝駅から6分(490円)、高尾山駅下車。
※リフトでのアクセスもでき、所要約12分(490円)。
かえり:京王線高尾山口駅から往路を戻る。

●トイレ

ケーブルカー清滝駅、高尾山駅、薬王院、高尾山の山頂手前、山頂にあり。

●買い出し

京王高尾山口駅にコンビニあり。薬王院や高尾山山頂にも売店が多数あります。

······· 立ち寄りどころ 🏠 ·······

髙橋家

創業は江戸時代末期の天保年間、そばと会席料理の店。高尾山名物のとろろそばは、すっきりとしたそばと風味豊かなとろろが美味。
東京都八王子市高尾町2209
☎042-661-0010

高尾山スミカ

ケーブルカー高尾山駅の前。烏天狗の顔をかたどった高尾山名物・天狗焼を販売するほか、飲食店やお土産処も併設しています。
東京都八王子市高尾町2205
☎042-661-4151

問い合わせ先
八王子市役所
☎042-626-3111
ケーブルカー、リフト
(高尾登山電鉄)
☎042-661-4151

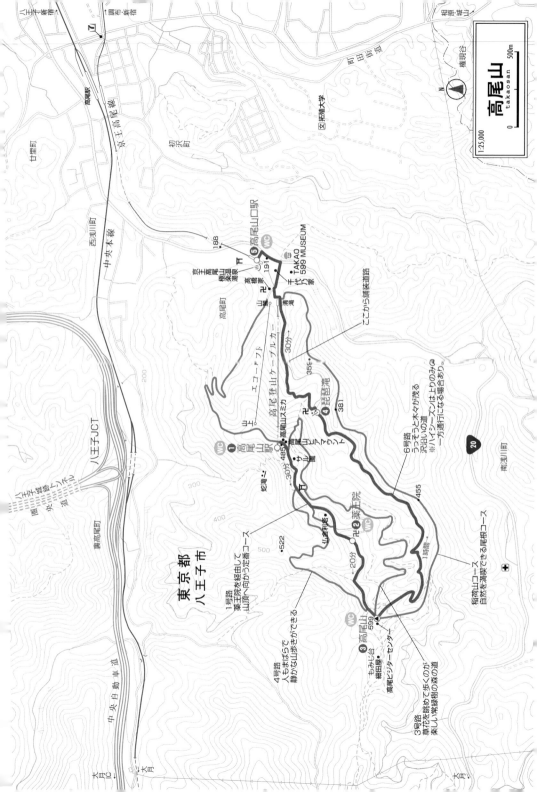

高尾山
takaosan

1:25,000

0　　　　　500m

東京都
八王子市

高尾山口駅
TAKAO 599 MUSEUM

高尾山駅
高尾山ケーブルカー
高橋スミカ

高尾山
599

1号路
薬王院を経由して
山頂へ向かう定番コース

4号路
人もまばらで
静かな山歩きができる

3号路
草花を眺めて歩くのが
楽しい常緑樹の森の道

6号路
うっそうとヒノキが茂る
沢沿いの道
※ハイシーズンは上りのみの
一方通行になる場合あり。

稲荷山コース
自然を満喫できる尾根コース

ここから舗装道路

エコーリフト

権現台

女体山山頂からつつじヶ丘を望む。なだらかな尾根の向こうに平野が広がっているのが分かります

02 筑波山 つくばさん 茨城県つくば市

_{tsukubasan}

豊かな緑も心地よい、神様のいる山

標高●877m
歩行時間●2時間30分
レベル●初めてでも

　関東平野にぽっこりとそびえる筑波山。古くは万葉集などにも詠まれ、多くの人々に親しまれてきた信仰の山でもあります。山頂に向かうルートはいくつもありますが、比較的登りやすく、山歩き気分もしっかり味わえるつつじヶ丘からのルートを歩いてみましょう。

　つくば駅から直行バスに乗り、終点のつつじヶ丘へ。大きなカエルの像の前で記念撮影などを済ませたら、山歩きスタート。階段をどんどん登っていきます。歩きやすい道なのですが、実は傾斜がけっこうあります。急がず、ときどき後ろを振り返り、山の連なりを眺めながら歩くうちに、広々とした弁慶茶屋跡に到着します。ゆっくり休んでいきましょう。

　ここからは岩がごろごろとした道を登っていきます。しばらく歩くと、大きな岩が不安定に積み上がってトンネル風になっている「弁慶七戻り岩」や、岩の形が船に見えなくもない「出

1.つつじヶ丘はワンダーランドの趣　2.登山口から階段を登っていきます　3.上の岩がいつ落ちてもおかしくなさそうな弁慶七戻り岩　4.心地よいブナの林が続きます　5.大仏岩　そう見えます？　6.女体山山頂は大にぎわい　7.お店が並ぶ御幸ヶ原　8.男体山の山頂にも神社本殿が　9.ケーブルカーでラクラク下山

船入船（ふねいりふね）」など、おもしろい形の岩がいくつも現れます。岩のネーミングにツッコミを入れつつ、ちょっと歩きづらい登り坂や岩場を何とかやり過ごすうちに、神社本殿のある女体山（にょたいさん）に到着。晴れていれば関東平野が一望できる、気持ちのいい山頂です。

筑波山は男体山（なんたいさん）・女体山のふたつのピークを持っています（双耳峰（そうじほう）といいます）。女体山で山頂の景色を楽しんだら、もうひとつのピーク、男体山に向かいましょう。道はおおむね平坦。明るい樹林の中の道をゆるゆると歩いていくうちに視界が開けて、土産物屋がいくつも建ち並ぶ御幸ヶ原（みゆきがはら）に到着し

筑波名物の
福来れみかん

四六のガマ！

ます。観光客と登山者が入り交じり、とてもにぎやかです。帰りに使うケーブルカーもここから発着します。

御幸ヶ原の「土産物屋銀座」を通り過ぎ、男体山への最後の登りに取り付きます。やや急な山道をがんばって登っていくと、男体山の山頂に。ここにも神社本殿があります。登頂後は来た道を戻り、ケーブルカー山頂駅へ。もう少し自然散策を楽しみたい……という人は、男体山をぐるりと一周する自然研究路へ行ってみるのもいいでしょう。緑が多く気持ちのいい道です。

帰りはケーブルカーで山麓まで下り、筑波山神社に今日の登山の無事を報告してから筑波山神社バス停に向かいましょう。

▶ Hiking data

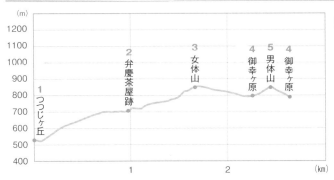

(m)
1200
1100
1000
900
800
700
600
500
400

1 つつじヶ丘
2 弁慶茶屋跡
3 女体山
4 御幸ヶ原
5 男体山
4 御幸ヶ原

1　　　2　　(km)

▶ Info

　四季折々で楽しめるのが筑波山。展望を楽しむなら空気が澄んだ晩秋〜冬がおすすめです。山頂付近で見られるカタクリは4月、ヤマツツジは5月が見頃。筑波山梅林は2月下旬〜3月が見頃なので、時期には足を伸ばしてみましょう。

▶ Course time

つつじヶ丘 →(50分)→ 弁慶茶屋跡 →(50分)→ 女体山 →(20分)→ 御幸ヶ原 →(15分)→ 男体山 →(15分)→ 御幸ヶ原

♨ 立ち寄り湯

筑波山江戸屋

筑波山神社のすぐそばに建つ温泉旅館で、日帰り入浴にも対応しています。手つかずの自然を生かした庭園を望む露天風呂にゆったりと浸かれば、散策の疲れが気持ちよくほぐれます。昼食付きの日帰り入浴プランもあり、地元茨城の食材を使った宿自慢の創作和食が、温泉とともに堪能できます。

茨城県つくば市筑波728
☎029-866-0321
筑波山神社入口バス停から徒歩8分
日帰り入浴：11:30〜15:00、入浴料1200円（タオル付き）

--- 立ち寄りどころ 🏠 ---

つつじヶ丘ガーデンハウス

食堂と売店があり、食堂からはロープウェイの発着や庭園を眺めながら食事が楽しめます。店限定のソフトクリームや定食も人気です。
茨城県つくば市筑波1
☎029-866-0833

たがみ

ケーブルカー山頂駅前に建つ土産物と軽食の店。地元食材をたっぷり使ったつくば市の町おこしグルメ、つくばうどんが味わえます。
茨城県つくば市筑波1
☎029-866-1014

●アクセスデータ
ゆき：秋葉原駅からつくばエクスプレス快速で45分（1210円）、つくば駅下車。隣接のつくばセンターバス停から関東鉄道バスで50分（900円）、つつじヶ丘バス停下車。
かえり：筑波山頂駅からケーブルカー8分（590円）で宮脇駅へ。徒歩5分の筑波山神社入口バス停から40分（740円）、つくばセンター下車。つくば駅からは往路を戻る。
●トイレ
つつじヶ丘、御幸ヶ原など。
●買い出し
つくば駅構内、つくばセンターバス停周辺にコンビニあり。

問い合わせ先
つくば市役所
☎029-883-1111
関東鉄道バス
☎029-866-0510
ロープウェイ・ケーブルカー（筑波観光鉄道）
☎029-866-0611

・444

湯袋峠

桜川市

石岡市

・710

自然研究路
1周約45分

❺ 男体山
871 ▲

男体山御本殿

←15分

❹ 御幸ヶ原
たがみ
WC
筑波山頂

茶店が並ぶ

カタクリが見られる

❸ 女体山
877 ▲

女体山御本殿
▲
女体山

←20分

←50分

急登

屏風岩

不思議な形の
岩が点在

ヤマツツジがたくさん

木の階段を登る

628

❷ 弁慶茶屋跡

←60分

筑波山ロープウェイ

つつじヶ丘

❶

P **WC**

つつじヶ丘ガーデンハウス
つつじヶ丘

茨城県
つくば市

筑波山ケーブルカー

つつじヶ丘駅〜女体山駅
所要6分、片道630円

ケーブルカー沿いに
登山道あり。
御幸ヶ原〜筑波山神社
下り1時間30分

・筑波山梅林

WC 宮脇

P

P

⊗

筑波山神社
WC
筑波山江戸屋

筑波山神社入口
〒

筑波

臼井

・103

風返峠

筑波パーキングライン

筑波山温泉
つくば湯

・189

・126

♪つくばねカントリークラブ

N

1:25,000
筑波山
tsukubasan
0   500m

さまざまな種類の樹木が静かな林を作り出しています

03 鎌倉アルプス

kamakura-alps

かまくらアルプス
神奈川県鎌倉市

日本一お手軽な「アルプス登山」

標高●159m（大平山）
歩行時間●2時間40分
レベル●初めてでも

　北鎌倉駅から線路沿いの道を歩いて、建長寺に向かいます。入口で拝観料500円を納め、境内へ。風格のある建物が並んでいます。建長寺の境内は通るだけでも拝観料が必要です。せっかくなのでしっかり拝観していきましょう。

　境内の中に「天園ハイキングコース」の道標があり、表示に従って境内左手からハイキングコースに進みます。竹林を両側に見ながら石畳の道を進むうちに、長い石段が現れ、上り詰め

ていくと半僧坊へ。途中には山の斜面に烏天狗の像がたくさん並び、独特の雰囲気です。

　半僧坊からは、山道らしくなっていきます。ちょっと息が切れる急な石の階段を登っていくと、勝上嶽。眼下に鎌倉の町並みを見下ろし、遠くには相模湾が眺められます。このあたりまで来ると、さほど遠くはないはずなのに、街のざわめきが聞こえなくなります。勝上嶽から先は、比較的緩やかな道。ところどころ岩が出て

1

2

3

左：烏天狗にまじって天狗もいるのです
右：いつも参拝客でにぎわう鶴岡八幡宮

いるところがあり、雨上がりなどは少し滑りやすくなるので注意して。見上げるとうっそうとした木々。広葉樹ですが、ものすごく密に木々が茂っており、昼でも少し薄暗い森です。歩いていくと、岩に大きな穴があけられ、中に石仏や石塔が置かれているのをよく見かけますが、これは「やぐら」と呼ばれる中世の頃のお墓。

途中、いくつか分岐はありますが「覚園寺・瑞泉寺方面」に進んでいきます。覚園寺の分岐を過ぎると樹林の中の登り道になり、ぱぁっと視界が開けると大平山です。金網に木の看板がついているだけとい

気をつけて
歩きなさいよ

う、ちょっと素っ気ない山頂ですが、一応ここがこのコースの最高地点。芝生の広場に下り、先に進みます。再び樹林の中の道を歩くと茶屋跡の広場へ。眺めがいいので、ここでゆっくり休憩してもよさそうです。

ここからはひたすらに下り道。分岐があったら「瑞泉寺」方面に下るようにします。やがて民家の脇に出て、天園ハイキングコースの入口に到着。瑞泉寺に立ち寄っていきましょう。花の寺として知られ、特に早春のウメやスイセンが見どころです。ここからは道標に従い、鎌倉駅へ。途中、鶴岡八幡宮に立ち寄ったり、若宮大路沿いのお店でショッピングも楽しみです。

1.勝上嶽。山に囲まれた鎌倉の地形が分かります　2.苔むした岩がしっとりとした風情　3.大平山の山頂。ここだけ岩山みたい　4.鎌倉のお寺の庭にもやぐらは多く見られます　5.重なり合う木の葉がきれい　6.瑞泉寺。美しい庭園は夢窓疎石（むそうそせき）の作です

▶ Hiking data

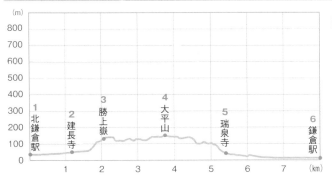

(m)
800
700
600
500
400
300
200
100
0

1 北鎌倉駅
2 建長寺
3 勝上嶽
4 大平山
5 瑞泉寺
6 鎌倉駅

1　2　3　4　5　6　7　(km)

▶ Info

　鎌倉は由緒あるお寺も多く、ハイキングと組み合わせてお寺巡りもよさそうです。しかし特に6月のあじさい、11〜12月の紅葉の時期はかなり混雑します。うまく時期をずらして、静かに山＆街歩きを楽しみたいものです。

▶ Course time

北鎌倉駅 →15分→ 建長寺 →30分→ 勝上嶽 →45分→ 大平山 →30分→ 瑞泉寺 →40分→ 鎌倉駅

小町通り
鶴岡八幡宮から直進する若宮大路に並行する通り。伝統的な土産物を販売する店やファッショングッズ、カフェなどがずらりと並びます。食べ歩きグルメ、スイーツの店も多いです。

茶織庵 （さおりあん）
こぢんまりとした、風情ある店構えのそば処。すっきりとした味わいでのどごしのいい、細切りの手打ちそばが味わえます。
神奈川県鎌倉市雪ノ下3-1-30
☎0467-73-8873

●アクセスデータ
ゆき：東京駅からJR横須賀線で55分（820円）、北鎌倉駅下車。
かえり：鎌倉駅からJR横須賀線で1時間（940円）で東京へ。
●トイレ
スタートの北鎌倉駅、建長寺の境内、ゴールの鎌倉駅のほか、大平山の直下に水洗トイレあり。
●買い出し
北鎌倉駅周辺から登山口（建長寺）の間には土産物屋やカフェは点在するものの、コンビニや売店はありません。行動食などは忘れずに事前調達をしましょう！

········· 立ち寄りどころ 🏠 ·········

鎌倉市農協連即売所
鎌倉市および周辺の農家が、農産物を販売する直売所。鎌倉の四季が感じられる旬の野菜を求めることができ、珍しい野菜も多いです。
神奈川県鎌倉市小町1-13-10
☎0467-44-3851

豊島屋
鎌倉の定番土産、鳩サブレー。フレッシュバターたっぷりのサブレーは上品な甘みがあり、コーヒーにも緑茶にもよく合います。
神奈川県鎌倉市小町2-11-19
☎0467-25-0810

問い合わせ先
鎌倉市役所
☎0467-23-3000

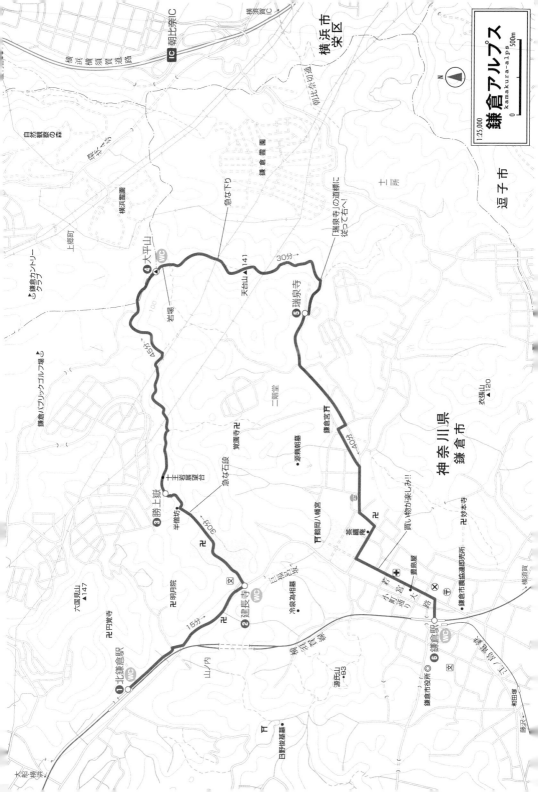

鎌倉アルプス
kamakura-alps

1:25,000

0 500m

N

鎌倉市

横浜市
栄区

逗子市

神奈川県
鎌倉市

朝比奈IC

横浜横須賀道路

朝比奈切通

自然観察の森

横浜霊園

上郷町

鎌倉霊園

鎌倉カントリークラブ

③大平山 WC

天台山 141

30分

急な下り

岩場

190

45分

⑤瑞泉寺 「瑞泉寺の道標に
従って右へ!」

二階堂

覚園寺 卍

急な石段

十王岩展望台

③勝上嶽

半僧坊

源頼朝墓

鎌倉宮 卍

40分

30分

卍明月院

卍

卍

卍

① 北鎌倉駅 WC

鎌倉八幡宮

丹鶴岡八幡宮

六国見山 ▲147

卍円覚寺

山ノ内

② 建長寺 WC

横須賀線

冷泉為相墓

寿福寺

源氏山 ▲93

茶飯庵

買い物が楽しみ!!

若宮大路

小町通り

⑥鎌倉駅 WC

鎌倉市役所 ◎

豊島屋

JR横須賀線

卍妙本寺

鎌倉市農協連即売所

衣張山 ▲120

日野俊基墓

和田塚

藤沢

山女子に聞きました
おやつ見せてください！

山のおやつは、歩いてほどよく疲れた体に染みわたります。
みんなどんなおやつを持ってきているのかしら？

ドライフルーツ

甘み・酸味があってビタミンも取れちゃう、山おやつのホームラン王。ドライマンゴーは人気が高いようです。細かく刻んだドライフルーツミックスもいいですよ。

チョコレート

高カロリーで素早くエネルギーに代わる、山おやつの定番。粒タイプのものが食べやすく、味のバラエティもあって楽しいです。夏は暑さで溶けてしまうので秋〜春限定！

コンビニスイーツ

手軽に買えるコンビニのおやつ。個別包装になっている焼き菓子や、ファスナー付きの袋入りの小さなお菓子が山では使い勝手がよいです。

シリアル

シリアルにドライフルーツやナッツをミックスしたものを、ファスナー付きのビニール袋に。どこでも手軽に食べられます。

梅干し

塩分補給になり、クエン酸たっぷりで、疲れも取れます。食感も楽しめるカリカリ梅派と、軽さ重視の干し梅派に二分されるようです。

プロテインバー

登山で不足しがちなたんぱく質を効率的にとることができる、食べ切りサイズのスグレモノ。味のバラエティも豊富なので気分で選んでもOK。

前回買った山のお土産

お土産のおまんじゅうやクッキーは、袋に小分けになっていることが多く、実は山おやつ向き。山仲間との話のネタにもなりますよ。

大福、あんパン

しっかりお腹にたまって、カロリー補給にいい山おやつです。多少甘すぎるくらいのあんこのほうが、山ではおいしく感じられますね。

３時間くらいの山

山っていいかも……と思ったら、
行程が短めの山をいろいろと歩いてみましょう。
花や緑、山頂からの景色、
山ごとにさまざまな楽しみがありますよ。
急がずマイペースで、ゆるゆると。
自然の中にいることを楽しんで。

日の出山

ひのでやま 東京都青梅市・日の出町

下山後の温泉も楽しみなのんびり山

ケーブルカーでラクラクアクセスし、あとはお気楽山散歩。
つらい登りもほとんどなく、まったりと山の空気が楽しめちゃいます。
山から下りたらすぐ温泉が待っているのもうれしい限り。

整然と並ぶ杉林の中の道。歩くうちに
背すじがぴんと伸びそうな気がします

御岳山の山頂に建つ武蔵御嶽神社。社殿のある場所が御岳山の山頂です。境内には宝物館もあります

　JR青梅線御嶽駅からバスに乗り、さらにケーブルカーで車窓から緑を楽しみつつ、標高830mの御岳山駅へ。展望のいい駅前広場からは、晴れていれば東京のビル群や日光連山もきれいに見渡せます。景色を楽しんだら、鳥居をくぐっていよいよスタート。歩き始めるとすぐに左側の視界が開け、これから目指す日の出山がぽっこりと眺められます。緩やかに続く散策路を歩いていると、右手に御岳ビジターセンタ

つるつる温泉からは機関車の形をしたバスで武蔵五日市駅に向かいます

ーが。周辺の自然について分かりやすく展示解説されていますし、登山道の状況について聞いていくといいでしょう。武蔵御嶽神社が近くなってくると、山の斜面に小さな宿がひしめくように建っていて、ちょっと驚きます。お土産屋さんの並ぶ参道を歩き、長い長い石段を上っていくと、真っ赤な社殿の武蔵御嶽神社に到着。登山安全のお守りもあるので、ひとつ買っていくのもよさそうです。

　お参りを済ませたら来た道を戻り、「日の出山」の道標に従って先に進みましょう。集落を過ぎると人の姿もまばらになり、雰囲気もかなり山道らしくなります。すっと高く伸びた杉林の中につけられた道を歩いていきますが、緩い下りの広い道は、足に優しい感じ。上養沢との

1.駅舎らしからぬ御嶽駅　2.横から見ると車体が思い切り斜めです　3.右に見える山が日の出山　4.武蔵御嶽神社に向かう参道にある神代ケヤキ　5.武蔵御嶽神社の参道は呼び込みの声もにぎやか　6.道の山側は広葉樹林、谷側が杉林　7.日の出山山頂。時間を忘れる心地よさです　8.日の出山の山頂近くで見つけた日時計

分岐からは緩やかに登っていきます。左手に東雲山荘の建物が見え、しばらく歩くと山頂に向かう石段が。公園のように整備された道をゆっくりと登っていけば、標高902mの日の出山に到着です。

広々とした山頂は、名前のとおり展望バツグン。奥多摩の山々や関東平野がぐるりと見渡せ、空気が澄んでいれば富士山も眺められます。あずまややベンチがあるので、景色を楽しみながらゆっくり休んでいきましょう。山頂付近にはサクラの木もあり、春にはレジャーシートを広げてのお花見も楽しみです。

ここからはおおむね緩い傾斜の

せっかくだし撮っていく？

欧米方面？

下り坂になります。ときどき丸太の階段が現れる、広くて歩きやすい道です。はじめはサクラやツツジの明るい樹林が続きます。足下にはかわいらしい草花の姿も。日の出山からの下り道は、ところどころにイラストつきの「つるつる温泉」の看板があり、これに従って歩いていけば、山麓まで迷うところはありません。

やがて杉の樹林になり、静けさの中に漂う山の気配を感じながら歩いていくうちに、沢の音が響くようになります。しばらく歩くと舗装道路が始まり、突き当たったら左に進みます。最後の上り坂を数分がんばって歩くと、ゴールのつるつる温泉に到着です。

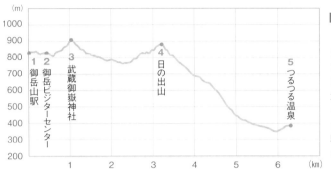

(m)
1000
900
800
700
600
500
400
300
200

1 御岳山駅
2 御岳ビジターセンター
3 武蔵御嶽神社
4 日の出山
5 つるつる温泉

1　2　3　4　5　6　(km)

▶ Info

つるつる温泉始発、JR五日市線武蔵五日市駅行きのバスは、つるつる温泉の休館日にあわせて運休するので要注意！　つるつる温泉バス停から約500m離れた松尾バス停から武蔵五日市駅行きに乗車できます。

▶ Course time

御岳山駅 →10分→ 御岳ビジターセンター →15分→ 武蔵御嶽神社 →50分→ 日の出山 →1時間30分→ つるつる温泉

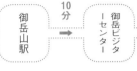

♨ 立ち寄り湯

生涯青春の湯　つるつる温泉

日の出町にある天然温泉の日帰り入浴施設。風呂は洋風風呂と和風風呂があり、男女が日替わりで入れ替えになっています。アルカリ性単純温泉の湯はなめらかな肌触りで、名前のとおり肌がつるつるになると好評です。畳敷きの広間やパノラマ食堂で食事をすることもできます。マッサージや地元産品をそろえた売店も。

東京都日の出町大久野4718
☎042-597-1126
つるつる温泉バス停からすぐ
10:00〜20:00、第3火曜休、入浴料
3時間860円

●アクセスデータ
ゆき：新宿駅からJR中央線特別快速・青梅線で1時間35分（940円）、御嶽駅下車。西東京バスで10分（290円）、ケーブル下下車、徒歩5分でケーブルカー滝本駅へ（ケーブルカー6分・600円）。
かえり：つるつる温泉バス停から西東京バスで20分（410円）、武蔵五日市駅下車。武蔵五日市駅からJR五日市線・青梅線経由中央線で新宿へ1時間10分（820円）。
●トイレ
ケーブルカー御岳山駅、武蔵御嶽神社の境内、日の出山山頂直下に水洗トイレあり。
●買い出し
御嶽駅周辺にはコンビニなし。お菓子類はケーブルカーの駅の売店で購入できます。

┈┈┈ 立ち寄りどころ 🏠 ┈┈┈

滝本駅売店

御岳ケーブルカー滝本駅の構内にあり、地元の名産品やオリジナルのお土産を販売しています。人気はきびもち大福。
東京都青梅市御岳2-483
☎0428-78-8121

do-mo kitchen CANVAS

地元産の食材と無添加にこだわり、薬膳の要素を取り入れた料理が味わえます。自家製スイーツも美味。武蔵五日市駅から徒歩2分。
東京都あきる野市舘谷223-10
☎042-519-9653

問い合わせ先
日の出町役場
☎042-597-0511
西東京バス（氷川車庫）
☎0428-83-2126

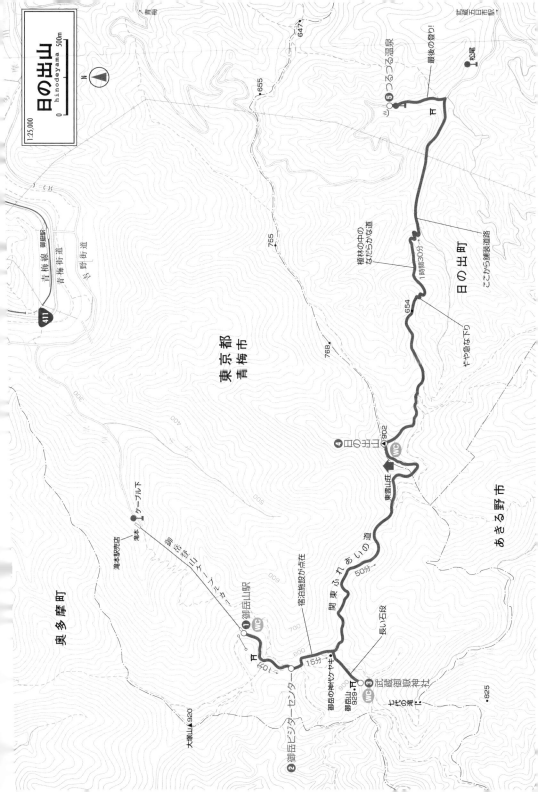

浅間山から権現山に向かう途中も
サクラの木々が植栽されていて、
開花時期には春霞のよう

05 弘法山 こうぼうやま 神奈川県秦野市

koboyama

サクラの季節が待ち遠しい「ご近所の裏山」

標高●235m
歩行時間●2時間30分
レベル●初めてでも

　秦野駅北口からスタート。緩やかに流れる水無川に沿って歩いていきます。川を右手に眺めつつ、住宅街をのんびりと歩いていくと、県道に突き当たるので左折。弘法橋を渡り、少し歩くと「弘法山公園入口」という大きな看板が現れます。看板の下の小さな道標に従い中に入り、登山口に取り付きます。さっきまで街の中にいたのだと思えないほど、うっそうとした森の中の道です。少し急な登りですが、しっかり階段

状に整備されています。ゆっくり、のんびりと足を進めるうちに、斜面が緩やかになってきて、しばらく歩くとひとつめのピーク、浅間山。このあたりから、サクラの木がたくさん見られるようになります。

　浅間山を過ぎ、サクラの木々に囲まれた道をてくてくと歩き、最後にひと登りで大きな展望舎の建つ権現山に到着。山頂は広い芝生の広場で、ここにもサクラがたくさん。展望舎に登っ

1.秦野駅前はちょっとした展望スポットでした　2.弘法橋付近から弘法山の全体が眺められます　3.広場になっている権現山の山頂　4.権現山の展望舎　5.権現山から弘法山に向かう馬場道。桜のトンネルの中を歩いていきます　6.弘法山の山頂は鐘楼や古い井戸があります　7.道の途中にみかん畑がありました　8.歴史ありげな古い石柱発見

てみれば、丹沢の山々が大きくそびえているのが見渡せます。天気がよければぼーっと過ごしたいところです。暖かい春の日に、レジャーシートを広げてのんびりしてもよさそう。

権現山から弘法山までは、馬場道と呼ばれる広くて平坦な道。ここにも道の両脇にサクラが植えられています。ところどころ視界が開け、眼下に町並み、丹沢の山々が見渡せて、ちょっと気持ちのいい道です。しばらくなだらかな道を歩き、緩い傾斜の長い石段をずっと登っていくと、

これなんだ？
トイレでした

お堂のある弘法山に到着。古い井戸や鐘楼(しょうろう)があり、お堂のそばには大きなイチョウの木もあります。

今どこかなぁ？

ここからの道は、少し山道らしくなってきます。背の高い樹林が続きます。秋にはいろいろな形のどんぐりを見つけながら歩くのも楽しそう。ところどころに分岐がありますが、道標の「鶴巻温泉(つるまき)」方面へ道をたどるようにします。ときどきちょっとした登りや、長く緩やかな下りがあり、少し疲れを覚えてきた頃に、吾妻山(あづまやま)に到着。ゆっくり休んでいくといいでしょう。

山の景色を楽しみながら、緩やかに下っていくと、やがて民家が現れ、舗装道路になっていきます。道標に従い、高速道路のガードをくぐって、住宅街へ。ゆるゆると歩いていくうちに、ゴールの鶴巻温泉駅に到着です。

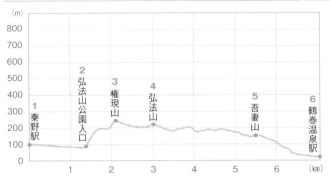

秦野駅から弘法山までは、階段や木のタイルなどが敷かれてかなり整備されていますが、弘法山から先は山道らしくなり、少し急な下り坂も。もっとさっくり楽しむなら、弘法山から東海大学前駅に下山することもできますよ。

▶ Course time

	20分		40分		20分		45分		25分	
秦野駅	→	弘法山公園入口	→	権現山	→	弘法山	→	吾妻山	→	鶴巻温泉駅

♨ 立ち寄り湯

弘法の里湯

鶴巻温泉駅北口から徒歩2分の日帰り入浴施設。市内に湧くふたつの源泉が楽しめます。無色透明の温泉は、なめらかな肌触りです。露天風呂つきの大浴場は、石造りの湯と檜の湯があり、日替わりで男女交替となっています。入浴後は広々とした大広間でゆっくりするもよし、食事処でお腹を満たすもよし。

神奈川県秦野市鶴巻北3-1-2
☎0463-69-2641
10:00～20:00、月曜休、入浴料1日1000円・2時間800円（土・日曜、祝日は2時間1000円）

●アクセスデータ
ゆき：新宿から、小田急の急行で1時間10分（690円）、秦野駅下車。
かえり：鶴巻温泉駅から小田急の快速急行で1時間（600円）、新宿へ。
●トイレ
スタートの秦野駅、ゴールの鶴巻温泉駅のほか、浅間山山頂付近に1カ所、権現山～弘法山の散策路の途中に2カ所、水洗トイレあり。
●買い出し
秦野駅構内にコンビニ（Odakyu MART）あり。

-------- 立ち寄りどころ 🏠 --------

芳甘菓 ほうかんか

秦野名物の落花生のお菓子を扱っています。風味豊かな手むき落花生のほか、ピーまんじゅう、ピー最中などが人気。
神奈川県秦野市鶴巻北2-2-1-103
☎0463-78-3382

天安 てんやす

さっくりと揚がった天ぷらや、旬の素材を使った魚料理に定評のある和食処。リーズナブルでボリューム満点の定食がおすすめです。
神奈川県秦野市鶴巻北1-2-6
☎0463-77-5287

問い合わせ先
秦野市役所
☎0463-82-5111

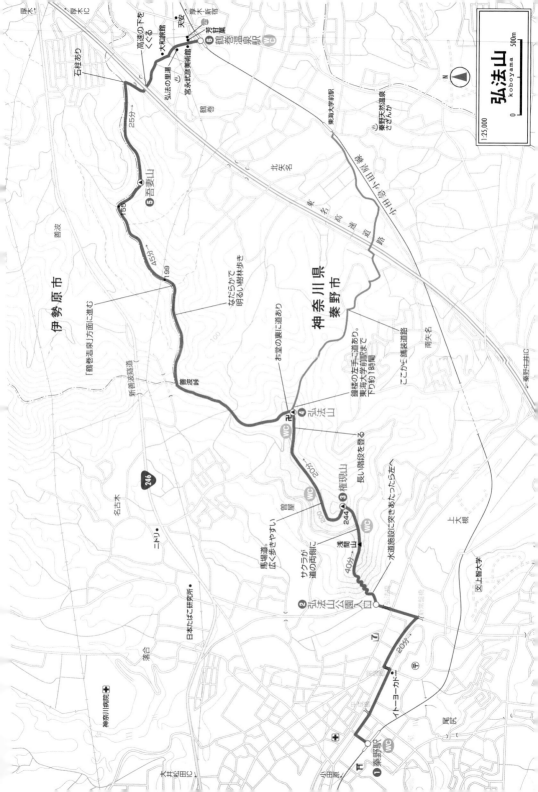

弘法山
koboyama

1:25,000

0　　　　500m

N

神奈川県
伊勢原市
秦野市

⑥ 吾妻山

⑤ 吾妻山

卍 ④ 弘法山

③ 権現山

② 弘法山公園入口

① 秦野駅

06
kintokiyama

金時山

きんときやま 神奈川県箱根町・静岡県御殿場市

大きく迫る富士山と箱庭のような箱根の山々

標高●1213m
歩行時間●2時間40分
レベル●慣れてきたら

比較的短い時間で登れて、富士山がとってもかっこよく見える山。
できれば富士山が雪をかぶり、空気の澄んでいる晩秋から冬の初めに、
天気予報の晴れマークを狙って行きたい山です。

金時山山頂。神々しささえ感じる富士
山の姿に感動します

山々にぐるりと囲まれている箱根の地形がよく分かります。芦ノ湖には遊覧船の姿が見えることも

乙女峠バス停でバスを降りると、まず目に飛び込んでくるのはきれいに裾を引いた富士山の姿。景色を楽しみつつ身支度を整えたら、登山道に向かいましょう。砂利道の林道を少し進み、道標に従って山道に取り付きます。はじめはうっそうとした針葉樹林のなか、クマザサの茂る道を登っていきます。ゆっくりゆっくり足を進めていくと、木々の間から少し富士山が見えるようになります。樹林が切れ、空が明るく感じるようになると間もなく、標高1005mの乙女

金時娘のいる金時茶屋。金太郎船や金太郎の腹掛けなど、金太郎グッズをお土産にいかが

峠。木の展望台があるので、富士山の姿を眺めてひと休みしていきましょう。少し登ったところに木のテーブルとイスがあり、箱根の山々が見渡せます。

さらに登りが続きます。傾斜はそれほどでもないものの、滑りやすい土の道で、土がえぐれているところもあるので、歩きやすいところを選びながら、ゆっくり登っていきます。道の両側にはミズナラやブナなどの広葉樹が茂っていい気持ち。広々とした山頂の長尾山から先は、少し道が険しくなってきます。岩が出ているところや、土がえぐれて段差が大きくなっているところもありますが、慎重に足を運べば大丈夫。そのうちに、山頂に小屋のある山が前方に見えてきます。これから目指す金時山です。ピーク

1.バスから降りてこの景色、ちょっとうれしいです　2.乙女峠展望台。絵はがきのようにきれいな富士山の姿が　3.広々として歩くのが心地よい山道です！　4.いよいよ山頂です！　5.秋、足元をリンドウの花が彩ります　6.山頂直下はかなり急な下り　7.山頂の看板前で1枚　8.金時宿り石　9.ゴールの公時神社でお参りをしていきましょう

が見えてくると、ちょっとほっとしますね。

　さらに岩っぽい道をがんばって登っていくと、山頂に通じる稜線に出ます。右側の視界が開け、眼下には箱根が箱庭のように見渡せます。目の前の大きな山が箱根駒ヶ岳、駒ヶ岳の中腹で煙をあげているのは黒タマゴで有名な大涌谷（おおわくだに）、右側には芦ノ湖（あしのこ）が見えています。ここまでくれば山頂まではあと一息。稜線を歩き、最後にひと登りで、大きな看板のある金時山の山頂に到着です。目の前には富士山がどっしりとそびえていて、雄大な姿にちょっと感激します。大きな看板のそばには撮影用のまさかりもある

金時茶屋の金太郎飴だよ

まさカリーうどん

ので、まさかり担いだ金太郎気分で記念写真を撮るのもおすすめです。山頂には二つの茶店があります。

　景色を堪能し、ゆっくり休んだら「金時神社・仙石原（せんごくばら）」方面に下ります。はじめは、少し岩っぽく、土の道も滑りやすい急な下り道。慎重に足を進めていきましょう。下っていくと、だんだんなだらかな道になっていきます。しばらく歩くと大きな岩の「金時宿（きんときやど）り石（いし）」が。この山は金太郎（坂田公時（さかたのきんとき））が、山婆（やまんば）に育てられたという伝説が残り、山名の由来にもなっているのです。下っていくうちに樹林はうっそうとした針葉樹林になり、さらに下っていくと、やがて公時（きんとき）神社に到着します。

053

▶ Hiking data

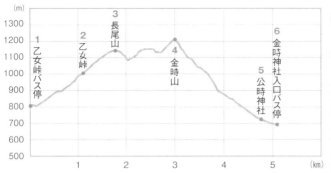

Elevation profile (m / km):
- 1 乙女峠バス停
- 2 乙女峠
- 3 長尾山
- 4 金時山
- 5 公時神社
- 6 金時神社入口バス停

▶ Info

東京からアクセスするなら新宿発の小田急箱根高速バスを利用するのも一案。乗り換えなしで乙女峠、金時神社入口バス停まで直行します。新宿〜乙女峠バス停は所要約2時間、1880円。〜金時神社入口バス停は1940円。

▶ Course time

乙女峠バス停 →40分→ 乙女峠 →20分→ 長尾山 →40分→ 金時山 →55分→ 公時神社 →5分→ 金時神社入口バス停

●アクセスデータ
ゆき：新宿から小田急の特急で約1時間40分（2330円）、箱根湯本駅下車。箱根登山バス御殿場方面行きで30分（940円）、乙女峠下車。
かえり：金時神社入口バス停から箱根登山バスで25分（840円）、箱根湯本駅下車。駅からは往路を戻る。

●トイレ
金時山山頂、公時神社付近にトイレあり。

●買い出し
山頂に茶屋あり。

♨ 立ち寄り湯

川涌の湯マウントビュー箱根

仙石原の中心地に立地するリゾートホテル。自慢の温泉は、効能豊かな大涌谷のにごり湯です。湯の香り漂うゆったり広々とした露天風呂で、山の疲れと心のコリをほぐし、体の芯まで温まることができます。貸切露天風呂もあります（2名で60分3500円・4000円。事前に電話で問い合わせを）。

神奈川県箱根町仙石原885
☎0460-84-6331　仙石原文化センター前バス停からすぐ
日帰り入浴：11:00〜15:00、入浴料1100円

立ち寄りどころ 🏠

松月堂菓子舗
（しょうげつどう）
老舗の和菓子処。名物の公時山まんじゅうは、品のいい甘みのつぶあんがたっぷりです。箱根仙石案内所バス停からすぐ。
神奈川県箱根町仙石原230
☎0460-84-8526

はつ花本店
（はな）
箱根でも人気のそば処。水は一切使わずに、自然薯と卵で打ち上げたそばは、風味豊かです。箱根湯本駅から徒歩5分。
神奈川県箱根町湯本635
☎0460-85-8287

問い合わせ先
箱根町総合観光案内所
☎0460-85-5700
箱根登山バス湯本営業所
☎0460-85-5583
小田急箱根高速バス
☎03-3427-3160

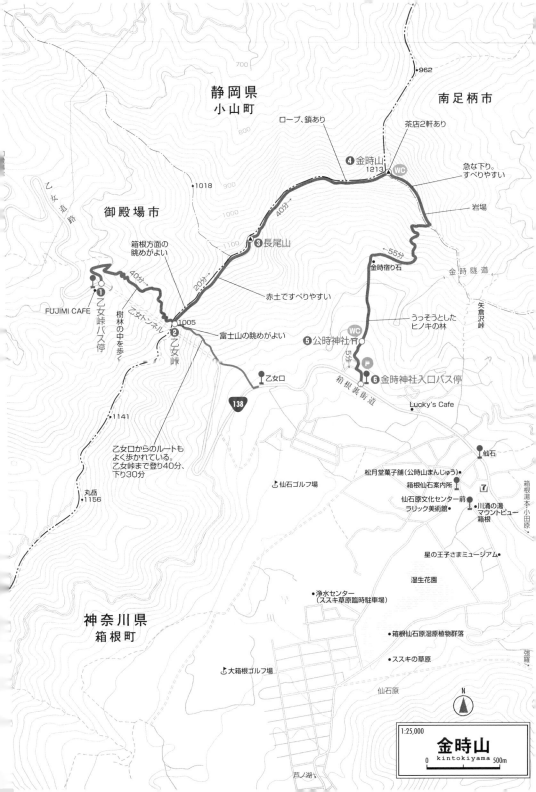

静岡県
小山町

南足柄市

・962

ロープ、鎖あり

茶店2軒あり

④金時山
1213

WC

急な下り。
すべりやすい

・1018

御殿場市

岩場

金時隧道

箱根方面の
眺めがよい

③長尾山

55分

金時宿り石

矢倉沢峠

①乙女峠バス停

FUJIMI CAFE

樹林の中を歩く

40分

乙女トンネル

20分

赤土ですべりやすい

うっそうとした
ヒノキの林

②乙女峠
1005

富士山の眺めがよい

WC

⑤公時神社

・1141

乙女口

138

箱根裏街道

⑥金時神社入口バス停

Lucky's Cafe

乙女口からのルートも
よく歩かれている。
乙女峠まで登り40分、
下り30分

丸岳
1156

・仙石

仙石ゴルフ場

松月堂菓子舗（公時山まんじゅう）・
箱根仙石案内所

仙石原文化センター前・
ラリック美術館・

川涌の湯
マウントビュー
箱根

神奈川県
箱根町

星の王子さまミュージアム・

湿生花園

浄水センター
（ススキ草原臨時駐車場）

・箱根仙石原湿原植物群落

・ススキの草原

大箱根ゴルフ場

仙石原

N

1:25,000

金時山
kintokiyama

0   500m

天覧山山頂からの眺め。天気に恵まれれば富士山も。右端のほうに見えた山が奥多摩・大岳山です

天覧山

てんらんざん 埼玉県飯能市

眺めのよいふたつの山頂をつないで

標高●271m(多峯主山)
歩行時間●2時間15分
レベル●初めてでも

　西武池袋線飯能駅からスタート。商店街を抜けて登山口に進みます。バス通り沿いに古い蔵造りの建物が点在し、蔵を改装したお店もあります。市内有数のサクラの名所である飯能中央公園のある四つ角を過ぎ、能仁寺の脇から天覧山への登りが始まります。コンクリート舗装とはいえ、なかなかの登り道。ゆっくり歩いていきましょう。ところどころにあるヤマツツジは5月はじめに朱色の花を咲かせます。

　広場になっている天覧山中段から山道になります。歩き始めてすぐ、山の斜面に石仏がいくつも並んでいます。十六羅漢といいますが、16以上あります。笑った顔、怒っているような顔、穏やかな顔……、それぞれに表情が違います。十六羅漢を過ぎると少し岩の露出した登山道を進みます。手すりもつき、階段状になっていますが慎重に。登っていくうちに眺めがよくなり、山頂の展望台が見えてきます。

1.住宅街を通って登山口へ。見えている山が天覧山です　2.サクラが見頃を迎えた飯能中央公園　3.不思議なオブジェがある能仁寺　4.十六羅漢は羅漢様の表情を見るのも楽しみ　5.天覧山の山頂は立派な山名板が　6.天覧山の山頂展望台。見える山を確認してみましょう　7.心地よい雑木林を進みます　8.多峯主山の山頂ではっと一息

　天覧山の山頂はコンクリートの広い展望台になっています。展望台からは眼下に飯能の町並み、その向こうに周辺の低山が連なっています。高いところに連なっているのは奥多摩の山々。見えている山々を解説する写真パネルもあります。天覧山という名前は、明治天皇が陸軍の演習をご覧になったときにこの地に立たれたのが由来だそうです。

　天覧山からはお隣の多峯主山（とうのすやま）へ足を延ばしましょう。丸太の階段を一気に下り、湿原の脇を通って登り返していきます。見返り坂は源 義経（みなもとのよしつね）の母、常磐御前（ときわごぜん）が急坂に何度も立ち止まり来た道を振り返ったこと

なぜか鉄腕アトム

ヤマツツジ咲いてます！

から名付けられたそう。今は丸太の階段が長く続いています。

　見返り坂を登り切ったら、緩やかな登り道で多峯主山の山頂を目指します。さまざまな種類の樹木が心地よい雑木林を作り出しています。晴れた日は木漏れ日が心地よく、雨や霧の日は森の匂いが立ちのぼるよう。

　多峯主山もなかなかよい眺め。飯能市街を一望でき、天気に恵まれればスカイツリーも眺められます。ベンチやテーブルもあるので一息ついていくとよいでしょう。

　帰りは南側の尾根道を進みます。御嶽八幡神社（みたけはちまん）を過ぎると急坂に。一気に下るとほどなくバス通りに出て、永田大杉バス停に到着します。

Hiking data

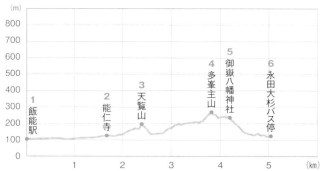

Hiking dataのグラフ:

- 1 飯能駅
- 2 能仁寺
- 3 天覧山
- 4 多峯主山
- 5 御嶽八幡神社
- 6 永田大杉バス停

Info

天覧山は各所で見られる花も楽しみです。能仁寺から天覧山に向かう道中のヤマツツジは5月が見頃。カエデやツツジの紅葉は11月中旬から12月上旬まで楽しめます。能仁寺は入口付近にアジサイ、池にスイレンが咲きます。

Course time

飯能駅 → 25分 → 能仁寺 → 20分 → 天覧山 → 50分 → 多峯主山 → 15分 → 御嶽八幡神社 → 25分 → 永田大杉バス停

♨ 立ち寄り湯

宮沢湖温泉　喜楽里別邸

宮沢湖を望む高台に建つ、小学生以上を対象とした日帰り温泉施設。男女別に内湯と露天風呂があり、なかでも宮沢湖の景色を楽しみつつ森林浴気分を味わえる展望露天風呂が快適です。内湯には炭酸泉やサウナなどもあります。入浴後は眺めがよく開放的なテラスで一息。食事どころも併設しています。

埼玉県飯能市宮沢27-49
☎042-983-4126
9:00～23:00、無休、入浴料1030円～（タオル付き）
飯能駅からバス15分、宮沢湖温泉下車

● アクセスデータ

ゆき：池袋から西武池袋線で1時間（480円）、飯能駅下車。
かえり：永田大杉バス停から国際興業バスで10分（210円）、飯能駅下車。飯能駅からは往路を戻る。

● トイレ

能仁寺入口、天覧山中段に水洗トイレあり。

● 買い出し

駅に売店があるほか、登山口への道中にもコンビニなどがあります。

--- 立ち寄りどころ ---

長寿庵

飯能駅から徒歩5分のそば処。そばのほか、名物のオムライスやラーメン、飯能のご当地グルメ「すいーとん」などメニュー豊富。
埼玉県飯能市仲町7-28
☎042-972-3596

大里屋本店

飯能の銘菓・四里餅（しりもち）を製造販売する和菓子店。大きな小判型の大福で、もっちりとした餅とあんの甘みが絶妙です。
埼玉県飯能市永田453
☎042-972-3600

問い合わせ先
飯能市役所
☎042-973-2111
国際興業バス飯能営業所
☎042-973-1161

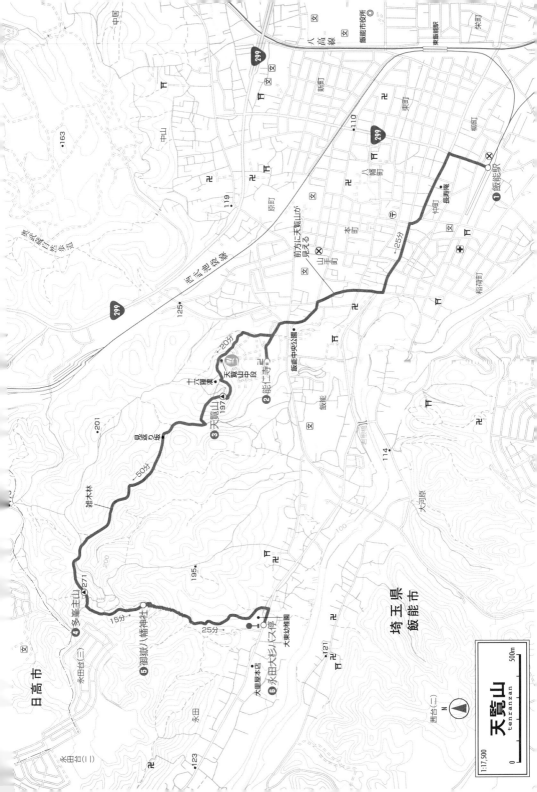

天覧山
tenranzan

1:17,500
0　　　　　　　　　500m

西　N

埼玉県 飯能市

日高市

① 飯能駅
飯能市役所
東飯能駅
八高線
東飯能駅
栄町
柳町
299
長寿庵
新町
東町
原町
299
八幡町
仲町
本町
稲荷町
② 能仁寺
山手町
前方に天覧山が見える
飯能中央公園
飯能
天覧山中段
③ 天覧山　197
十六羅漢
見返り坂
雑木林
201
195
200
④ 多峯主山　271
永田台（三）
15分
⑤ 御嶽八幡神社
25分
⑥ 永田大杉バス停
大東幼稚園
大里屋本店
永田台（二）
永田台（一）
永田
奥武蔵自然歩道

山頂一帯はソメイヨシノが植栽されています。淡いピンクの花は青空によく映えます

08

minoyama

蓑山

みのやま 埼玉県秩父市・皆野町

満開のサクラやツツジがステキなお花見山

　秩父鉄道親鼻駅からスタート。踏切を渡り、クルマがたくさん通る大通りを横切ると、すぐに「美の山公園」の看板が。この山、山の名前は「蓑山」ですが、山頂付近は「美の山公園」という県立公園なのです。すぐ先に「仙元山コース」「関東ふれあいの道コース」と書かれた小さな看板が出てきます。どちらからでも同じくらいの歩行時間で山頂に行けますが、今回は仙元山コースへ。

　石の階段を登り、鳥居をくぐると山道がスタート。少し急な登りですが、体を慣らすようにゆっくりと登っていけば、すぐに冨士嶽大神の社のある仙元山へ到着します。その先も少しアップダウンはありますが、おおむね緩やかな樹林帯。しばらく歩くうちに、ぽつぽつとヤマツツジやミツバツツジなどが現れます。5月ごろ、芽吹きの時期の柔らかな葉の緑色に、ヤマツツジの淡い朱色はよく映えます。春から夏にかけ

1.秩父鉄道の親鼻駅　2.鳥居をくぐると一気に山らしい雰囲気　3.4月に見られるヒトリシズカ　4.山頂付近のヤエザクラは4月下旬が見頃　5.ヤマツツジは4月末〜5月初めが見頃　6.山頂の展望台。三角形の山が武甲山　7.和同開珎の碑　8.民家の庭にはステキな花木が　9.和銅黒谷駅。駅舎内の時刻表も和風でかっこいいです

ては草花もたくさん見られます。

　いったん車道を横切り、さらに山道へ。少しがんばって歩くと明るい尾根に出ます。道の両脇にヤマツツジが群落を作っています。このあたりから道は幅広く、歩きやすく整備されていきます。大きな看板やテーブルのある見晴らし園地を過ぎると、山道から公園の雰囲気になります。4月にはさまざまな種類のサクラ、5月はヤマツツジ、6月〜7月はアジサイやヤマユリ。花を眺めつつのんびりと歩いていくうちに、広々とした蓑山山頂に到着です。

車道を2回横切りますよ

　山頂周辺は4月にはサクラが見頃。がんばって山道を登ってきて出合う、

油断は禁物！

注意

満開のサクラが咲き乱れる風景には、ちょっと感激してしまいます。山頂の展望台に登ってみると、きれいな三角形の武甲山、のこぎりのようにギザギザした形の両神山など、周辺の山が一望に見渡せます。

　下山は和銅黒谷駅へ。明るい樹林帯の道を下っていきます。「黒谷駅」の道標に導かれ山道を下っていくと、やがて民家の裏手に出て、里山歩きに。道が分かりづらいところもありますが、道標を見落とさないようにすれば大丈夫。時間があれば、和同開珎の碑に立ち寄っていきましょう。田んぼや畑が広がり、民家の庭には四季折々に花が咲く、のどかな風景を楽しみながら歩くうちに、和銅黒谷駅に到着です。

Hiking data

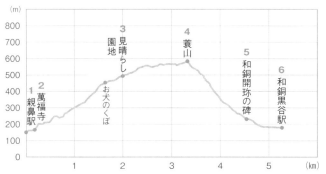

Info

　花の見頃は年によって変動があります。サクラやツツジの開花状況は、美の山公園のホームページでチェックできます。時間に余裕があれば秩父の羊山公園（ひつじやま）に足を伸ばしても。4月下旬〜GWにはシバザクラが見頃です。

Course time

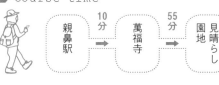

親鼻駅 →10分→ 萬福寺 →55分→ 見晴らし園地 →30分→ 蓑山 →40分→ 和同開珎の碑 →20分→ 和銅黒谷駅

♨ 立ち寄り湯

ゆの宿　和どう（和）（和銅鉱泉）

秩父七湯のなかでも最も古い歴史を持つ和銅鉱泉の一軒宿。ガラス張りで明るい広々とした大浴場と、木々に囲まれ川のせせらぎが心地よい露天風呂があります。無色透明の湯は肌にやさしく、ゆったりと湯浴みが楽しめます。駅から少し遠く、日帰り入浴時間も短いのですが、気持ちのいい湯です。

埼玉県秩父市黒谷813
☎0494-23-3611
和銅黒谷駅から徒歩10分
日帰り入浴：11:00〜14:00、入浴料1000円

🏠 立ち寄りどころ

はぎふく

国道140号沿いにある、手打ちそば・うどんの店。おかあさんが真心と愛情を込めて打つ、地粉を使った手打ちそばが美味。
埼玉県秩父市黒谷503-1
☎0494-22-8535

ラパンノワール　くろうさぎ

国産小麦や自家培養の天然酵母など、素材にもこだわった手作りパンと焼き菓子の店。イートインあり。西武秩父駅から徒歩5分。
埼玉県秩父市野坂町1-18-12
☎0494-25-7373

●アクセスデータ

ゆき：池袋から、西武秩父線特急で1時間20分（1500円）、西武秩父駅下車。徒歩5分ほどの御花畑から、秩父鉄道で16分（450円）、親鼻駅下車。
かえり：秩父鉄道和銅黒谷駅から秩父鉄道で10分（310円）、御花畑駅下車。徒歩5分ほどの西武秩父駅から西武秩父線特急で池袋へ。

●トイレ

親鼻駅、和銅黒谷駅のほか、蓑山山頂に水洗トイレあり。

●買い出し

親鼻駅周辺にはコンビニ・売店なし。ハイシーズンには蓑山山頂の売店が営業。

```
問い合わせ先
秩父市役所
☎0494-22-2211
皆野町役場
☎0494-62-1230
秩父鉄道
☎048-580-6363
埼玉県秩父環境管理事務所
☎0494-23-1511
```

蓑山
minoyama

0　　　　　　　500m

N

関越道花園IC↑　寄居・熊谷↑

長瀞町

下田野

総合橋

❶
親鼻駅
WC

寺の境内の
手前を左に入る

卍

←10分

仙元山

秩父鉄道

卍

❷萬福寺

なだらかな
林の中の道

関越道花園
IC

皆野寄居有料道路

下田野トンネル

IC　皆野長瀞
IC

55分

車道を渡る

イカリソウの群落あり

皆野町役場　〒
•169

関
東
ふ
れ
あ
い
の
道

お犬のくぼ

すこし車道を進み、
道標を目印に車道右から
山道にはいる

埼玉県
皆野町

皆野駅

美の山トンネル

431

関東ふれあいの道経由でも
所要時間はほぼ同じ

❸見晴らし園地

ヤマザクラが
たくさん!!

蓑山神社 ⛩

ツツジが
たくさん!!

500

30分

❹蓑山
587
WC

美の山公園

急な下り。
足元に気をつけて

400

秩父市

300

200

40分

民家の裏から
車道に出る

わかりづらい。
道標を見落とさないように

❼

←20分

❺和銅開珎の碑

•和銅遺跡

❻和銅黒谷駅
WC

•502

•はぎふく

和銅大橋

ゆの宿和どう♨

お花畑・西武秩父　　秩父市街

四阿屋山の山頂からの眺め。のこ
ぎりのようなギザギザの山容の山
が両神山です

09
azumayasan

四阿屋山
あずまやさん　埼玉県小鹿野町

一足早く春気分、早春の花に出合う山

標高●772m
歩行時間●3時間25分
レベル●慣れてきたら

　年月を感じるたたずまいの薬師堂で今日の山行の無事をお願いしてから、歩き始めましょう。はじめは舗装道路を緩やかに登っていきます。しばらく歩くと、右手に「鳥居山コース」と書かれた看板が。石の階段を数段登り、そのまま斜面を登っていきます。けっこうな急斜面、少し息があがりますが、登りきると小さなアップダウンが続く道になります。ときどき右側の木々の間から山が眺められるのもいい感じ。ミズ

ナラやカエデの明るい林を進み、急な階段を登っていくと、両神神社の奥社に到着です。

　ここから山頂までがこの山最大の難所、気合いを入れていきましょう。奥社から少し進むとすぐに岩場になります。ところどころ鎖が付けられているので、岩や鎖をつかみ、足元をよく確認しながら慎重に登りましょう。登りきると山頂に到着。狭い山頂は西側の眺望がよく、ギザギザした形の両神山や、ウサギの耳のような

1.歴史を感じさせる薬師堂の建物　2.風情あふれるハナショウブ園の見頃は6月　3.スギの樹林帯は昼でも薄暗いです　4.フクジュソウの見頃は2月中旬〜3月上旬です　5.送電線の下をくぐるとき顔を上げてみました　6.杉木立の中に建つ両神神社奥社　7.木々が葉を落とす冬は眺望がよいです　8.ロウバイの見頃は1〜2月

二子山などが見渡せます。景色を満喫したら下山しましょう。岩場は登りより下りのほうが怖さを感じますが、落ち着いて。

　奥社まで戻ったら、「山居」方面に進みます。スギの樹林の中、丸太の階段をずっと下っていくと、下りきったところで視界が開け、前方に山々がきれいに見渡せます。しばらく歩くと、三角屋根の展望休憩舎があり、さらに下っていくと、日当りのいい斜面に。2〜3月、この斜面にフクジュソウがたくさん見られます。きらきらとした花びらを持つフクジュソウが咲いていると、まるで太陽の光がこぼれて地面に落ちてい

道標いっぱいありますよ

分かりやす〜い

るかのようです。1〜2月にかけては、さらにロウバイが甘い香りを漂わせながら、淡い黄色の花を咲かせていて、時間をたっぷりとって過ごしたくなります。広場でのんびりしていきましょう。

　ここからは舗装道路をしばらく下り、駐車場を過ぎてから再び山道に。樹林の中の道を歩いていくと、薬師の湯とハナショウブ園の分岐に出るので、薬師の湯方面に下ります。6月ならばしっとりとした風情をかもし出すハナショウブが咲き誇るハナショウブ園に立ち寄るのもいいでしょう。丸太の階段をずうっと下っていくとやがて舗装道路に出て、突き当たったら左へ。道なりに進んでいくと、薬師の湯に到着です。

▶ Hiking data

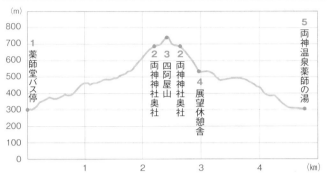

標高グラフ:
- (m) 縦軸: 0, 100, 200, 300, 400, 500, 600, 700, 800
- 横軸: 1, 2, 3, 4 (km)

1 薬師堂バス停
2 四阿屋山 両神神社奥社
3 両神神社奥社
2 両神神社奥社
4 展望休憩舎
5 両神温泉薬師の湯

▶ Info

両神神社奥社〜山頂の区間の岩場は、雨上がりでぬれていると岩も鎖も滑りやすくなります。無理そうと思ったらすぐに引き返しましょう。登頂にこだわらなくても、この山には花や温泉、楽しみがたくさんあります。

▶ Course time

薬師堂バス停 → 40時間1分 → 両神神社奥社 → 20分 → 四阿屋山 → 15分 → 両神神社奥社 → 10分 → 展望休憩舎 → 1時間 → 両神温泉薬師の湯

♨ 立ち寄り湯

両神温泉薬師の湯

道の駅「両神温泉薬師の湯」に併設された日帰り入浴施設。無色透明の温泉は、肌がつるつる・すべすべになると女性に人気です。広々とした大浴場の窓からは、秩父の山々が見渡せて気分爽快！　風呂上がりには畳敷きの大広間でゆっくり休めます。食堂や売店も併設。時間がなければ入口の足湯をどうぞ。

埼玉県小鹿野町両神薄2380
☎0494-79-1533
薬師の湯バス停からすぐ
10:00〜20:00、火曜休、入浴料600円

●アクセスデータ

ゆき：池袋から西武秩父線特急で1時間20分（1500円）、西武秩父駅下車。徒歩5分ほどの御花畑から、秩父鉄道で20分（450円）、三峰口駅下車。小鹿野町営バスで20分（400円）、薬師堂下車。

かえり：薬師の湯バス停から小鹿野町営バス20分（400円）で三峰口駅へ。駅からは往路を戻る。

●トイレ

鳥居山コースの入口、山居広場、道の駅両神温泉薬師の湯にあり。

●買い出し

三峰口駅周辺にはコンビニ・売店なし。道の駅両神温泉薬師の湯に売店あり。

立ち寄りどころ 🏠

福島屋

三峰口駅前に建つ食事どころ。素朴な味わいの手打ちそばやうどんが味わえます。まいたけ天丼などの丼ものも人気です。
埼玉県秩父市荒川白久1567
☎0494-54-0124

農林産物直売所

道の駅の中にある直売所で、旬のとれたて野菜やこんにゃく、地酒など地元の特産品、手作り工芸品を販売しています。
埼玉県小鹿野町両神薄2380
☎0494-79-0124

問い合わせ先
小鹿野町観光協会
☎0494-79-1100
秩父鉄道
☎048-580-6363
小鹿野町営バス
☎0494-79-1122

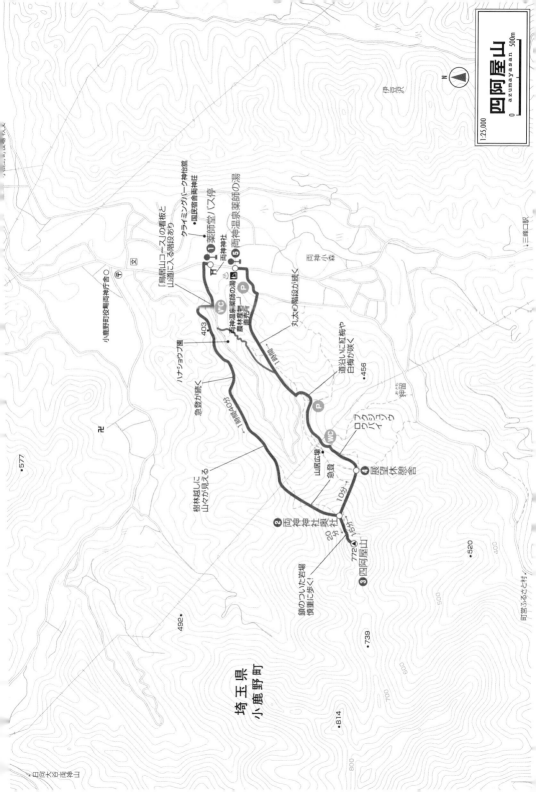

四阿屋山
azumayasan

1:25,000

0　　　　　　　500m

N

伊豆沢

三峰口駅

両神小森

埼玉県
小鹿野町

小鹿野町役場両神分舎

クライミングパーク神怡荘

国民宿舎両神荘

薬師堂前バス停

薬師神社

⑥両神温泉薬師の湯

両神温泉薬師の湯

「鳥居山コースの看板と
山道に入る階段があり

丸太の階段が続く

道沿いに紅梅や
白梅が咲く

•456

両神産業物
直売所

ハナショウブ園

403

VC

樹林越しに
山々が見える

急登が続く

1時間40分

1時間

ロウバイ
ガーデン

WC

山居広場

④
展望休憩舎

急登

10分

①
②両神
神社
奥社　20分

15分

鎖のついた岩場
慎重に歩く!

③四阿屋山
772▲

•739

•814

•577

卍

•492

•520

•400

500

600

700

800

800

町営ふるさと村

•日向大谷・両神山

梅雨どき、しっとりした風情のあ
じさい坂。花の見頃は6月中旬か
ら7月初旬にかけて

10 太平山

ohirasan

おおひらさん 栃木県栃木市

展望も楽しみな、四季折々に彩られる花の山

標高●341m
歩行時間●2時間45分
レベル●慣れてきたら

　大きな校舎が建つ国学院前バス停でバスを降りたら、道の両側にサクラの木が植えられた車道を登っていきます。突き当たり、鳥居をくぐると太平山神社の境内に。神社の拝殿まで、700段以上続く石の階段を登っていきましょう。石段の両側にはアジサイが植えられており、「あじさい坂」と呼ばれています。しっとりした風情を楽しみつつ、ゆっくり登っていきます。はじめは緩やかだった石段がだんだん急にな

り、いくつか土の道を横切っていくと、太平山神社に到着します。山行の無事をお参りしていきましょう。社務所では足・腰の健康を守るお守りも売っています。ちなみに、太平山と書いて「おおひらさん」と読むのです。

　神社本殿の右手から山道に取り付きます。木々がうっそうと茂る樹林を登っていきます。しばらく歩いていくと、小さなほこらのある太平山神社の奥宮に着き、さらに登っていくと富士

1.鳥居をくぐってスタート　2.はじめは緩やか、だんだん急になる石段　3.太平山神社は827（天長4）年の創建です　4.角のある狛犬を発見　5.太平山の山頂にけ富十濹間神社のほこらがあります　6.パラグライダーのテイクオフ場は絶景ポイント　7.晃石山の山頂から日光連山を眺めて　8.晃石山の山頂にも小さなほこらがありました

浅間神社の社の建つ太平山の山頂に到着します。木々に囲まれて展望は全くありません。太平山からは、いったん一気に下ります。かなり急な斜面で、若干足場の悪いところもあるので、慎重に下りましょう。すぐに傾斜はなだらかになり、小さなアップダウンを繰り返しながら、晃石山の山頂を目指します。途中、パラグライダーのテイクオフ場があるので立ち寄ってみましょう。草原状の斜面の下には関東平野が広がっているのが眺められ、天気がよければ筑波山も見渡せます。ここから晃石山の山頂までは緩やかに登って10分ほど。

見える山の解説あります

足を大切に！

　小さなほこらのある晃石山の山頂は、北西側の眺望が開けています。日光連山や秩父の山々が、屏風のように連なっています。景色を楽しみながらのんびりと休んだら、来た道を戻って太平山神社方面に向かいましょう。案外にあなどれないのが、ゴール直前、あじさい坂の石段の下り。雨上がりでぬれていると、実感はなくても足はそれなりに疲れているので、滑りやすくなります。最後まで十分注意して歩きましょう。

　上杉謙信がその景色を眺めて感動したといわれる謙信平に立ち寄って、茶店で一息つくのもいいでしょう。天気がよければ山々の向こうに富士山も眺められます。

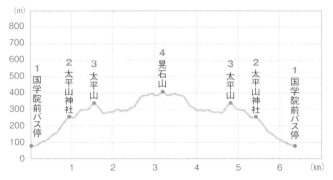

(m)
800
700
600
500
400
300
200
100
0

1 国学院前バス停
2 太平山神社
3 太平山
4 晃石山
3 太平山
2 太平山神社
1 国学院前バス停

1　2　3　4　5　6　(km)

太平山はサクラ、アジサイ、そして紅葉の名所として知られています。花の見頃の時期に合わせてイベントも行われ、多くの人々でにぎわっています。例年、サクラの見頃は4月上旬、アジサイは6月中旬～7月初旬、紅葉は11月中～下旬。

▶ Course time

国学院前バス停　→　25分　→　太平山神社　→　15分　→　太平山　→　50分　→　晃石山　→　55分　→　太平山神社　→　20分　→　国学院前バス停

♨ 立ち寄り湯

玉川の湯

栃木駅の北400mほど、昭和の雰囲気を漂わせるみつわ通りに建つ銭湯。浴槽内の壁に水槽が埋め込まれ、金魚が泳いでいるユニークなお風呂で「金魚湯」の愛称でも親しまれています。創業は1889（明治22）年、木造のレトロな建物が郷愁をそそります。薪で沸かしたお湯はまろやかな肌ざわりです。

栃木県栃木市室町3-14
☎0282-22-1865
栃木駅から徒歩9分
14:00～23:00、水曜休、入浴料400円

・・・・・・・・・ 立ち寄りどころ 🏠 ・・・・・・・・・

福松家

あじさい坂のたもとに建つ茶店です。名物の太平山だんごは添加物なしの手作り。こしあんの優しい甘みが体に染み渡ります。
栃木県栃木市平井町681
☎0282-22-1827

じゃがいも入り栃木やきそば

栃木市のご当地グルメで、焼きそばの具にジャガイモが入っています。ほくほくのジャガイモとソースの味わいが絶妙です。
☎0282-25-2356
（栃木市観光協会）

● アクセスデータ
ゆき：上野からJR宇都宮線で1時間15分、小山駅で両毛線に乗り換え11分（計1520円）、栃木駅下車。関東バスで20分（240円）、国学院前バス停下車。
※栃木駅へは浅草から東武鉄道も利用できる（約1時間30分・990円）。
かえり：往路を戻る。
● トイレ
あじさい坂の入口にある無料休憩所にトイレあり。そのほか、謙信平にもトイレがあります。
● 買い出し
栃木駅構内にコンビニあり。太平山神社入口に茶店あり。

問い合わせ先
栃木市観光協会
☎0282-25-2356
関東自動車（バス）
☎0282-22-2645

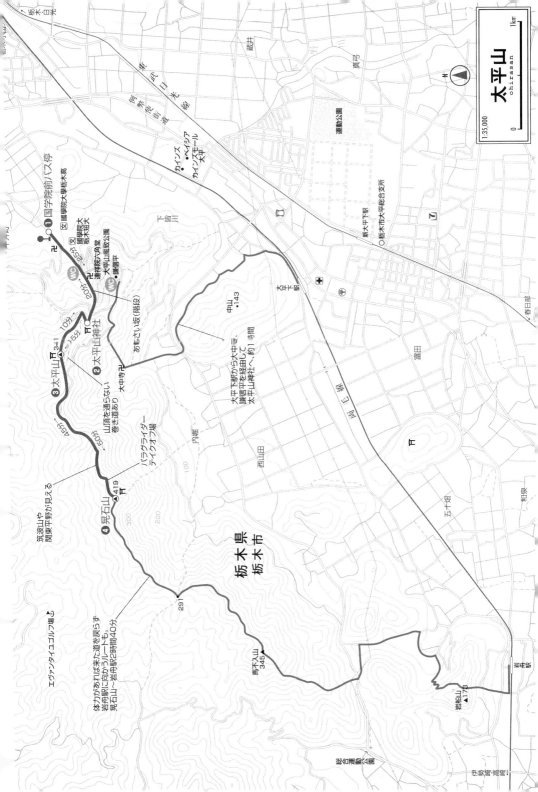

大平山

ohiraisan

1:35,000

0　　　　　　1km

栃木県
栃木市

① 国学院前バス停
國學院大學栃木高
図 國學院大
栃木短大
連祥院阿弥陀堂
大平山風致公園
・鎌倉平
③ 大平山 343.1
② 太平山神社
山頂を通らない巻き道あり
大中寺卍
あもさい坂(階段)
パラグライダー
テイクオフ場
④ 晃石山 419
中山 ・143
大平下駅から中を、
鎌倉平を経由して
太平山神社へ 約1時間
西山田
馬不入山 345
291
岩舟山 ・173
岩舟駅

筑波山や
関東平野が見える

エヴァンタイユゴルフ場

体力があれば来た道を戻らず
岩舟駅に向かうルートも。
晃石山～岩舟駅(2時間40分)

お隣の朝日岳付近から眺める茶臼岳。丸い山容が印象的です。よく見ると噴気が上がっているのも

11 茶臼岳

chausudake

ちゃうすだけ 栃木県那須町

関東平野を一望、ごろごろ岩の連なる山

標高●1898m
歩行時間●2時間10分
レベル●初めてでも

　茶臼岳は朝日岳、三本槍岳などと合わせて「那須岳」と呼ばれています。そのなかでも茶臼岳は、今なお噴煙を吹き上げる活火山です。

　那須ロープウェイ山麓駅からスタート。山麓駅の中には売店のほか、ルートマップやお天気情報ライブボードなどがあり、立ち寄っていくといいでしょう。はじめは緩やかな石畳の道。峠の茶屋を過ぎ、県営駐車場の先から本格的な登山道が始まります。

　明るい樹林帯のなか、なだらかな道をしばらく歩くうちに、木々の背丈が低くなり、視界が開けてくると、右手にきれいな三角形のピークが見えてきます。これは那須岳のひとつ、朝日岳。新緑・紅葉それぞれに山肌が彩られ、なかでも紅葉の時期は、赤や黄色の木々とクマザサの緑色のコントラストがステキです。ゆっくりと歩いていくうちに、木々の姿がなくなり、ケルン（石積み）が残る中ノ茶屋跡に到着。左手

1.左の丸い形の山が茶臼岳、隣のとがった山が朝日岳　2.下山後に立ち寄ってもいい峠の茶屋　3.赤い帽子がかわいい狛犬さん　4.ドウダンツツジの紅葉が目立ちます　5.真っ赤に彩られる秋の朝日岳　6.岩場歩きは慎重にいきましょう　7.岩のペンキを目印に歩いていきます　8.お鉢になっている山頂は荒涼とした雰囲気　9.山頂に到着！

に見える丸い形の山が、これから目指す茶臼岳。右手には朝日岳がさらにりりしく眺められるようになります。ここからは、茶臼岳の山頂をぐるりと右から回り込むように登山道がついています。平坦ですが少し歩きにくい岩場の道。また、このあたりは風がかなり強く吹き抜けるところです。風にあおられないよう、足下に気をつけて慎重に歩き、前方に見える峰ノ茶屋跡避難小屋を目指しましょう。小屋の周りにはベンチやテーブルがあるので、ここでゆっくりひと休み。

アートな岩を発見！

峰ノ茶屋跡避難小屋からは、岩場につけられた道をたどっていきます。岩にはルートを示すペンキがつけら

説明しますよ

れているので、見落とさないように歩きます。ゆっくりと歩いていくうちに、「お鉢めぐり→」の道標が立つ火口に出ます。ぐるりと火口を回り込めば山頂です。さえぎるもののない山頂からは、周囲の山々や関東平野がぐるりと見渡せます。

絶景を満喫したら、ロープウェイ山頂駅に向かって下山をします。木の鳥居をくぐり、緩やかに火口沿いの道を進み、道標に従って下り始めます。やや急なので、慎重に。傾斜が緩み、ロープウェイの駅舎が見え始めると、ざらざらとした砂地の下り道。滑りやすく少し緊張を強いられる斜面ですが、下りきればロープウェイ山頂駅はもうすぐです。

▶ Hiking data

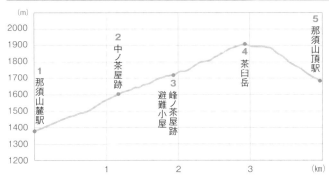

グラフ縦軸 (m): 2000 1900 1800 1700 1600 1500 1400 1300 1200
横軸 (km): 1 2 3

1 那須山麓駅
2 中ノ茶屋跡
3 峰ノ茶屋跡避難小屋
4 茶臼岳
5 那須山頂駅

▶ Info

中ノ茶屋跡から峰ノ茶屋跡避難小屋までの区間は、突風にあおられて滑落事故も多いので慎重に歩きましょう。風が強くて嫌だなと思ったら、天気がよくても引き返して。冬期は雪が積もり、ハイキングの装備では登れません。

▶ Course time

那須山麓駅 → **30分** → 中ノ茶屋跡 → **20分** → 峰ノ茶屋跡避難小屋 → **50分** → 茶臼岳 → **30分** → 那須山頂駅

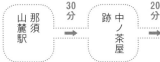

♨ 立ち寄り湯

大丸温泉旅館

ロープウェイ那須山麓駅からバスで約3分、標高1300mの森の中に建つ、しっとりとした雰囲気の一軒宿です。川をそのまま生かしたような形の露天風呂「川の湯」は風情たっぷり。豊かな緑と青空を眺めての湯浴みは、クセになりそうな心地よさです。露天風呂の多くは混浴ですが、女性専用の風呂もあります。

栃木県那須町湯本269
☎0287-76-3050
大丸温泉バス停から徒歩3分
日帰り入浴:11:30〜14:30受付終了、不定休、入浴料1000円(タオル込み)

⌂ 立ち寄りどころ

扇屋総本店

那須御用邸御用命舗の菓子店。人気の御用饅頭は、上品な味わいのこしあんが絶妙です。那須湯本仲町バス停からすぐ。
栃木県那須町湯本200
☎0287-76-2735

パン香房ベル・フルール

那須高原の小麦粉、地鶏の卵など厳選素材のパンが美味。イートインスペースもあります。ジョイア・ミーア前バス停から徒歩5分。
栃木県那須町湯本494-15
☎0287-76-7008

● アクセスデータ

ゆき:上野駅からJR宇都宮線で約2時間30分(3080円)、黒磯駅下車。東北新幹線利用の場合は、那須塩原駅で乗り換え、東北本線で5分の黒磯駅へ(自由席。計5720円)。黒磯駅から東野バス那須ロープウェイ行きで約1時間(1380円)、終点下車。ロープウェイは3月中旬〜11月の運行、片道1200円。かえり:往路を戻る。

● トイレ

ロープウェイの那須山麓駅と山頂駅に水洗トイレあり。

● 買い出し

ロープウェイ那須山麓駅に売店があります。黒磯駅にもコンビニあり。

問い合わせ先

那須町役場
☎0287-72-6901
関東自動車(那須塩原)
☎0287-74-2911
那須ロープウェイ
☎0287-76-2449

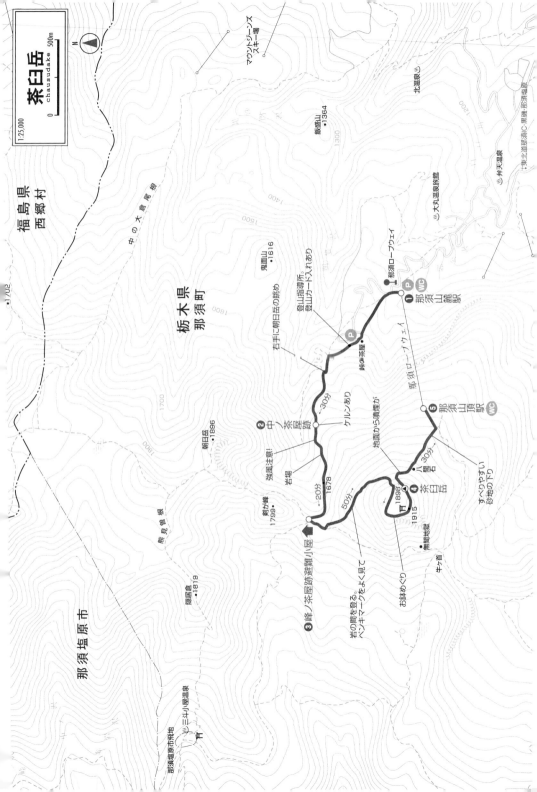

茶臼岳
chausudake

1:25,000

0　　　　500m

N

福島県
西郷村

栃木県
那須町

那須塩原市

中の大倉尾根

マウンテンジーンズ
スキー場

飯盛山 ・1364

・1702

北温泉 →

→ 大丸温泉旅館

→ 弁天温泉

→ 東北道那須IC・黒磯・那須温泉

那須ロープウェイ

❶ 那須山麓駅 P WC

❺ 那須山頂駅 WC

鬼面山 ・1616

登山指導所
登山カードス入れあり

右手に朝日岳の眺め

P 峰の茶屋

ケルンあり

30分

朝日岳 ・1896

❷ 中ノ茶屋跡

強風注意！

岩場

1678

20分

50分

剣ヶ峰 ・1799

熊見曽根

❸ 峰ノ茶屋跡避難小屋

岩の間を登る。
ペンキマークをよく見て

お鉢めぐり

地面から噴煙が

❹ 茶臼岳
1915

卍1898

八間石

無間地獄

牛ヶ首

すべりやすい
砂地の下り

30分

1819

隠居倉

三斗小屋温泉

那須塩原市飛地
卍

仲間がいると、どんどん山に行きたくなる

山仲間を増やそう！

私の周りに山女子なんていないから……と
あきらめてはいけません。気の合う山仲間、
実はあなたのすぐそばにいるのかも。

1

まず
「山に行きたい！」
と叫ぼう

お友達に、仕事関係の人に、全然違う趣味の人にでも「最近山に興味があるの」「山歩きを始めたんだけど」と話題をふってみましょう。ひとりくらい「私も興味があるわ」「実は登山が趣味なの」という人が現れるはず。

2

SNSの
山サークルを
のぞいてみよう

ソーシャルネットワークサービスの登山系コミュニティなど、インターネットを利用した山歩きサークルも多いです。よさそうなサークルを見つけたら、短時間の日帰りハイキングの山行に参加してみるといいでしょう。

3

山歩き
イベントに
参加してみよう

アウトドアショップや登山用品メーカーが主催する、ハイキングのイベントに参加してみるのもおすすめです。多くの場合、登山ガイドや山に詳しいスタッフが引率してくれるので安心です。ショップのお客さんが主な参加者なので、比較的自分と同じくらいの登山経験、同じような好みの人が集まる可能性が高いです。

山ガールネット 女性のための登山情報サイト

◀上：女性ガイド
の同行で尾瀬ヶ
原＆至仏山ツア
ーを楽しむ
下：テント泊入
門の机上講習

登山業界の最新情報をはじめ、山を愛する女性に役立つ情報を発信する情報サイト。全くの初心者から学べて、スキルアップにも役立つ登山教室や、ひとりでも気軽に参加できるツアー登山も企画していて、自然に親しみたくてもきっかけがない女性たちの強い味方となっています。山に詳しく気さくなガイドが講師やリーダーを務めるので、安全に気持ちよく山が楽しめ、山仲間も作りやすいです。

●山ガールネット　https://www.yamagirl.net

4〜5時間の山

3時間くらいの山が快適に歩けるように
なってきたら、歩く距離を延ばしてみて。
適度な疲れとともに、よくがんばったなぁ……って
充実感が心地よいのです。
気持ちよく歩くためにも、そろそろ山の装備は
しっかりとそろえていきましょうね。

みずみずしいブナの原生林。歩きながら大きく深呼吸して、さわやかな空気を取り入れて

12 三頭山 みとうさん 東京都檜原村

mitosan

降り注ぐ木漏れ日が心地よいブナの原生林

標高●1531m（中央峰）
歩行時間●4時間10分
レベル●慣れてきたら

　ブナの原生林で知られる檜原都民の森がスタート地点です。都民の森の中は散策路がしっかり整備され、道標も多くあるので、安心して歩くことができます。まずは鞘口峠を目指しましょう。道がところどころで分岐していますが「鞘口峠」の道標に従っていけば大丈夫。ゆっくりと登っていくうちに、鞘口峠に到着します。

　ここから急な登りが続きます。足を止めずに、ゆっくり、ゆっくりと歩きましょう。ほどなく傾斜が緩みます。この先も分岐がいくつかありますが「ブナの路」を通っていきます。ブナやカエデなどの明るい林が続きます。背の高い木々の間を歩いていきますが、見上げると日の光に緑が透けています。思い切り深呼吸をして、山の空気を取り入れながら歩きたいところです。途中にかわいらしい木造の見晴らし小屋があるのでひと休み。

　さらにゆるゆると歩き続け、まだかな、もう

1.大きな看板がお出迎え　2.鞘口峠のウッドデッキでひと休み　3.登りはゆっくり、ゆっくりと　4.森の中に建つ見晴らし小屋　5.三頭山の西峰には山名板もありました　6.三頭山の山頂の石柱は西峰にあります　7.ムシカリ峠へは急な階段を下って　8.西原峠からの下山途中に展望ポイント発見。大岳山が見えました

そろそろかな……と思ったくらいで「三頭山東峰」への看板と分岐が現れます。名前のとおり、この山には三つのピーク（頭）があるのです。ウッドテラスのある東峰で、大岳山など奥多摩の山々の眺めを楽しんだら、ベンチやテーブルのある中央峰へ。さらに進むと、立派な石造りの山名柱のある広いピーク（西峰）に到着。山のパノラマ写真に山の名前が書いてある看板があり、山をチェックするのも楽しみです。

　山頂の風景を満喫したら西原峠（さいはらとうげ）を目指して進みましょう。はじめに急な階段を下るとムシカリ峠に到着し、そこからは道は広く、心地よく歩けます。明るい広

看板をよく確認してね

鞘口峠 2→

おいしいかな？

葉樹林で、ときどき右側の眺望が開け、山々が連なっているのも見えます。快適な尾根歩きですが距離長く、西原峠はまだかな、まだかな……と思ううちに、西原峠の看板が。ここを「数馬（かずま）」方面に降りていきます。はじめは明るい樹林、だんだんうっそうとした針葉樹林になり、少し滑りやすい急斜面も現れます。歩いてきた疲れが出るころですから、ここは少し慎重に。途中、仲ノ平と数馬への分岐を左に進むと、幹の赤っぽいアカマツの林に。どんどん下っていくと舗装道路に出ます。右に進めば5分ほどでゴールの数馬バス停に到着します。時間に余裕があれば、九頭竜の滝に立ち寄ってみてもよいでしょう。

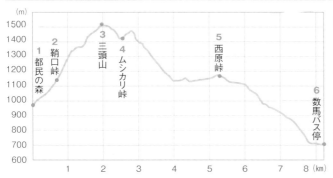

(m)
1500
1400
1300
1200
1100
1000
900
800
700
600

1 都民の森
2 鞘口峠
3 三頭山
4 ムシカリ峠
5 西原峠
6 数馬バス停

1 2 3 4 5 6 7 8 (km)

▶ Info

　ここで紹介したルートは歩く時間が長めなので、朝一番のバスでアクセスを。温泉もしっかり楽しみたいなら、お昼休みは短めのほうがよさそうです。ゆるーく楽しむなら、ムシカリ峠から三頭大滝経由で都民の森に下るのもおすすめ。

▶ Course time

| 都民の森 | 30分 ⇒ | 鞘口峠 | 1時間15分 ⇒ | 三頭山 | 10分 ⇒ | ムシカリ峠 | 1時間10分 ⇒ | 西原峠 | 1時間5分 ⇒ | 数馬バス停 |

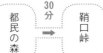

♨ 立ち寄り湯

蛇の湯たから荘

檜原村伝統の兜造り（かぶとづくり）の建物が重厚な雰囲気をかもし出す温泉宿。昔から近隣の村人たちが湯治に訪れたという歴史のある温泉は、肌触りが優しく、体に染み渡るよう。広々とした大浴場で手足を伸ばして湯船に浸かれば、窓の外に広がる豊かな緑や、渓流のせせらぎが心地よく感じられます。

東京都檜原村2465
☎042-598-6001
数馬バス停から徒歩3分
日帰り入浴：10:00〜18:00、入浴料1000円（タオルレンタル無料）

●アクセスデータ
ゆき：新宿からJR中央線特別快速・五日市線で1時間10分（820円）、武蔵五日市駅下車。西東京バスで1時間20分（960円）、都民の森下車。
※都民の森休館日は、都民の森行きバスは運休
かえり：数馬バス停から約1時間（960円）、武蔵五日市駅下車。武蔵五日市駅からは往路を戻る。
●トイレ
都民の森、ムシカリ峠の三頭山避難小屋にあり。
●買い出し
武蔵五日市駅にコンビニあり。都民の森の「とちの実売店」は左記参照。

·········· 立ち寄りどころ 🏠 ··········

とちの実売店

都民の森バス停前に建つ売店。檜原村のこんにゃくや漬物など奥多摩の特産品を販売しています。店頭で販売するみとうだんごも美味。
東京都檜原村数馬7146
☎042-598-8355

山猫亭

手作りケーキとともにおいしい水でいれたコーヒーや紅茶を味わえる、居心地のよい喫茶店。武蔵五日市駅から徒歩1分。
東京都あきる野市舘谷220-9
☎042-596-6321

問い合わせ先
檜原村役場 ☎042-598-1011 西東京バス（五日市）☎042-596-1611 檜原都民の森 ☎042-598-6006

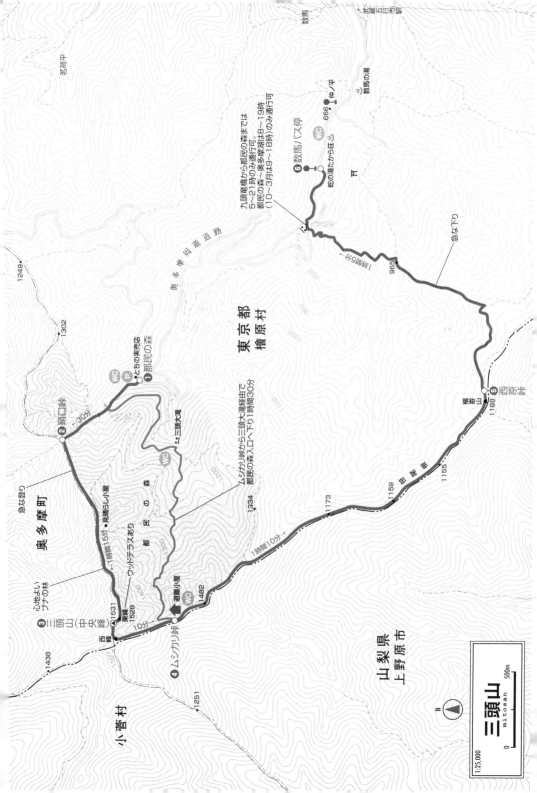

13

jinbasan

陣馬山

じんばさん
東京都八王子市・神奈川県相模原市

標高 ● 855m
歩行時間 ● 4時間10分
レベル ● 慣れてきたら

白い馬の待つ絶景の山頂へ

どっしりとそびえる富士山、そしてきらきら輝く相模湾の海岸線。
天気のいいときを選んで訪れたい、絶景の山です。
いくつものピークをつなげて歩くと、達成感もひとしおです。

いつも人でにぎわっている陣馬山の山
頂。白い馬の像と一緒に記念撮影を

陣馬山に劣らぬ絶景の景信山。天気がよければ相模湾の海岸線が眺められ、三浦半島もくっきりと

スタートは小仏バス停から。道標に従って車道を進み、登山道に取り付きます。はじめはうっそうと杉の木が茂った薄暗い森の中の道。道がよく整備されているので、多少傾斜がある割には登りやすいです。ゆっくり歩いていくうちに稜線に出て、ミズナラやカエデの明るい林と杉林が交互に現れるようになります。雰囲気のいい林を楽しみながら歩いていくと、丸太の階段の登りになり、空が大きく見えてきます。ずうっと登ってきて少し息が切れてきますが、あ

春、ゴールデンウイーク頃に訪れると、陣馬山の山頂にはコイノボリがためいています

と一息がんばればひとつめのピーク、景信山に到着です。少し離れたところに二軒の山小屋があります。景信小屋からは東京方面の眺めがよく、景信茶屋からは相模湾が遠くに見渡せます。どちらも富士山の展望にすぐれていますし、テーブルやイスがたくさんあるので、ゆっくり休んでもいいでしょう。

ここからは、クマザサの茂る道を、小さなアップダウンを繰り返しながら進んでいきます。雨上がりには少し滑りやすい土の道ですが、急な段差などはなく、気持ちよく歩けます。いくつかピークがあり、登りながら進むことも、山頂を回り込むようにして進むこともできます。しばらく歩くうちに、明王峠に到着。ここからも富士山がとてもきれいに眺められるので、一

1.陽に透けて花びらみたいな木の葉　2.景信小屋。秋のなめこ汁が名物です　3.景信山からは関東平野が一望　4.明王峠。春にはサクラの花越しに富士山が　5.自然が作り出したグラデーション　6.秋の陣馬山山頂にはススキの穂が揺れていました　7.陣馬山の山小屋からは富士山が目の高さに　8.栃谷尾根の下り始めは階段が続きます

息ついていきましょう。サクラの木々が多く、サクラの花越しの富士山を目当てに訪れるのも楽しみです。

　ここから陣馬山へは、1時間ほどの登りです。激しいアップダウンもなく、心地よい道が続くので、のんびりと歩いていきましょう。樹林が切れ、視界が開けてくると、陣馬山山頂はもうすぐです。山頂は芝生の広場になっていて、伸びやかな雰囲気。山頂というより、公園のような印象です。一番高いところには白く大きな馬の像が立ち、独特の雰囲気をかもし出しています。山頂には視界をさえぎるものが何もなく、まさに

分岐の道標をよく見てね

秋限定！

360度の大展望。奥多摩や丹沢の山々がずらりと連なり、富士山も大きく眺められます。敷地内には茶店が数軒点在しています。

　のんびりと楽しんだら下山開始。陣馬山から山麓に下るルートはいくつかありますが、栃谷尾根を下りましょう。「栃谷」方面への道標をたよりに歩きますが、分岐には道標がしっかり出ていて、分かりやすいです。下り始めは木の階段が続き、一気に高度を下げていきます。ヒノキの林の中を緩やかに下っていくうちに民家の庭先に。車道に出て「陣馬の湯」の看板を左に見ながらさらに下っていくと、ゴールの陣馬登山口バス停に到着です。

▶ Hiking data

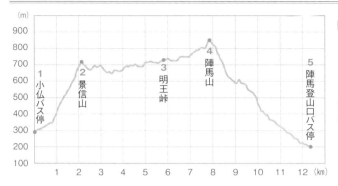

▶ Info

　陣馬山は登山道が多く、楽しみ方もいろいろ。マイカーで和田峠の駐車場にアクセスすれば約30分の登りで陣馬山の山頂に着きます。また、歩行距離が長く健脚さん向けですが、高尾山から稜線をつなげて歩くコースも人気です。

▶ Course time

小仏バス停 → 1時間 → 景信山 → 1時間10分 → 明王峠 → 50分 → 陣馬山 → 1時間10分 → 陣馬登山口バス停

♨ 立ち寄り湯

藤野やまなみ温泉

相模湖近くに建つ天然温泉の日帰り入浴施設。源泉100%の温泉は体の芯から温まり、湯冷めがしにくいと好評です。男女別に内風呂と露天風呂があり、庭園風の露天風呂からは、春は桜をめでながらの入浴も楽しみです。入浴後は食堂や無料休憩所でゆっくりくつろげます。館内に野菜直売所もあります。

神奈川県相模原市緑区牧野4225-1
☎042-686-8073
やまなみ温泉下車、徒歩2分
10:00～20:00、水曜休、入浴料3時間750円

立ち寄りどころ 🏠

信玄茶屋

陣馬山山頂に建つ茶店のひとつ。山菜やしいたけがたっぷり入った陣馬そばが人気です。ピンバッジなどの土産物も。
☎042-687-2235

藤野観光案内所ふじのね

JR中央本線藤野駅に隣接する観光案内所。地元産のユズを使った加工品や新鮮野菜を販売するほか、地元作家の作品の展示販売も。
神奈川県相模原市緑区小渕1702-3
☎042-687-5581

● アクセスデータ

ゆき：新宿からJR中央線特別快速45分（570円）、高尾駅下車。京王バス南で20分（240円）、小仏下車。

かえり：陣馬登山口バス停から神奈川中央交通バスで4分（180円）、藤野駅下車。藤野駅からはJR中央本線で新宿へ（990円）。

● トイレ

景信山、明王峠、陣馬山にあり。登山口の小仏バス停周辺にはトイレが少なく、高尾駅で済ませておくといいでしょう。

● 買い出し

高尾駅に売店あり。

問い合わせ先
八王子市役所
☎042-626-3111
藤野観光案内所
☎042-687-5581
京王バス高尾営業所
☎042-666-4607
神奈川中央交通津久井営業所
☎042-784-0661

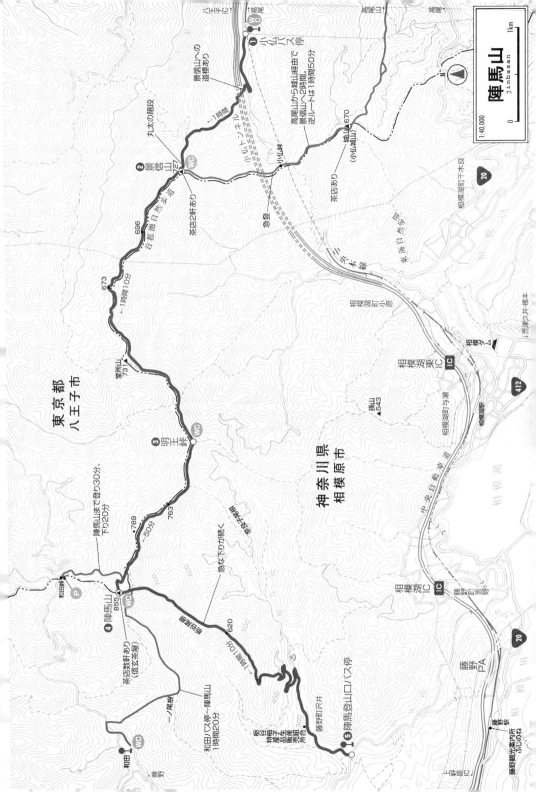

陣馬山
jinbasan

1:40,000
0   1km

N

東京都
八王子市

神奈川県
相模原市

相模湖町千木良

相模湖町小原

相模湖町与瀬

相模湖

中央自動車道

中央本線

相模湖東IC

相模湖IC

藤野町吉野

藤野PA

藤野駅

藤野観光案内所
ふじのね

景信山への
道標あり

高尾山から城山経由で
景信山へ2時間、
逆ルートは1時間50分

城山(小仏城山)
670

茶店あり

小仏トンネル

小仏峠

急登

小仏バス停

① ⑩ ⑦ 高尾

丸太の階段

② 景信山
727

WC

茶店2軒あり

都都圏自然歩道

696

673

一丁平間10分

堂所山
731

③ 明王峠
WC

陣馬山まで登り30分、
下り20分

789

763

50分

急な下りが続く

底沢峠

茶屋子富峠

④ 陣馬山
855

WC

和田峠
P

茶店数軒あり
(信玄茶屋)

一ノ尾根

和田バス停～陣馬山
1時間20分

栃谷
特産生
産子
品直営
販売
所

和田

WC

⑤ 陣馬登山口バス停

藤野町沢井

20

412

20

大洲自然公園

三津

相模湖町

西山
543

相模湖町

700

620

600

500

400

300

一丁間20分

富士山をずうっと眺められるのがこのコースの魅力です。右に見える鉄塔のあるピークは大平山

石割山 いしわりやま 山梨県山中湖村

歩きながらどんどん富士山に迫っていく

標高●1413m
歩行時間●4時間10分
レベル●慣れてきたら

　平野バス停から、道標に従って石割山の登山口に向かいます。しばらくは単調な舗装道路が続くので、歩きながらウォーミングアップ。石割神社駐車場の対岸、小さな川にかかる橋を渡り、登山道がスタートします。赤い鳥居をくぐると、いきなり現れるのはずうっと続く石の階段。見上げるとあまりに長くて、ぼう然としますが、ゆっくりゆっくりと、一歩ずつ歩いていきます。登りきったところで、一息ついていく

といいでしょう。

　ここからは傾斜もずっと緩くなり、快適な稜線歩き。ミズナラやブナなどの茂る明るい林で、左に目を向けると木々の間から富士山が眺められます。心地よい林の中の道をのんびりと歩いていくと、石割神社に到着します。ご神体の大きな岩にはしめ縄が張られ、何となくすがすがしい雰囲気が漂っています。大きな岩にはすき間があり、通れるようになっています。時計回

1.地元の人々に信仰されている道祖神　2.ここから登山道、いや石段がスタート　3.石割山に向かう道。岩にしめ縄が　4.荘厳な雰囲気が漂う石割神社　5.石割山の山頂で眺めを楽しんで　6.晩秋、木の実が赤く色づいていました　7.平尾山からの下り。ススキ野原に道が続いています　8.松ぼっくりをリスが食べた跡、通称エビフライ

りに3回通ると幸運が開けるそうなので、回っていきましょう。

　神社から山頂までは少し急斜面に。木の根っこなどをつかみながら登っていくと、ほどなく石割山の山頂です。大きな富士山の姿が目の前にいきなり現れ、かなり感動。富士山の麓には樹海が広がり、左手には山中湖が青々とした水をたたえています。

　石割山からは、富士山を目の前に眺めながらアップダウンを繰り返していきます。いったんずうっと下り、笹の原っぱを緩やかに登っていくと平尾山。さらにすすきの中の道を歩いて大平山に。富士山の姿

親犬の背中に子犬が！

熊も出るよ〜

はどんどん大きくなっていきます。

　富士山がずっときれいに見える快晴のときもいいですが、雲がやや多い天気のときには、時間がたつにつれて富士山がきれいに見えたり、雲をかぶったりと、さまざまな表情を見せてくれます。

　大平山からはどんどん高度を下げながら、小さなアップダウンを繰り返します。いくつかある分岐は「忍野方面」に進路をとりましょう。途中で、「大出山・山中湖方面」の表示が出てきたら、そちらに。ほどなく車道が現れ、さらに下っていくと山中湖の湖畔に出ます。湖と富士山の景色を眺めながら歩いて、ゴールの富士山山中湖バス停に向かいます。

▶ Hiking data

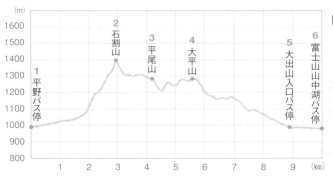

▶ Info

もっと短時間で楽しみたい人へ。石割山から平尾山に向かうと、平尾山の手前に「平野方面」に下る道があります。分岐から平野バス停までは1時間弱の道のり。平野バス停から徒歩15分のところには石割の湯もあります。

▶ Course time

平野バス停 → 1時間30分 → 石割山 → 40分 → 平尾山 → 40分 → 大平山 → 1時間 → 大出山入口バス停 → 20分 → 富士山山中湖バス停

♨ 立ち寄り湯
紅富士の湯
べにふじ

山中湖近くにある日帰り入浴施設。富士山の眺めが楽しめるお風呂としても知られていて、日本庭園風の露天風呂から眺める富士山は格別です。マッサージ効果のあるジェットバスや寝湯、源泉ぬる湯、ミストサウナなどお風呂の種類も豊富です。天然鉱石を使った岩盤浴もあります（有料）。レストランや売店もあり。

山梨県山中湖村山中865-776
☎0555-20-2700
花の都公園入口バス停から徒歩5分
10:00～21:00、火曜休、入浴料800円

●アクセスデータ
ゆき：新宿から富士急高速バスで約2時間30分（2350円）、平野下車。電車利用の場合は、新宿からJR中央本線特急で1時間5分（指定席2360円）、大月駅下車、富士急に乗り換え45分（1040円）、富士山駅下車。富士急山梨バスに乗り換え35分（810円）、平野下車。

かえり：富士山山中湖バス停から富士急高速バスで新宿へ（2300円）。電車の場合は同バス停から25分（500円）で富士山駅へ。

●トイレ
スタートの平野バス停、石割山登山口にトイレあり。

▷▷▷▷▷ 立ち寄りどころ 🏠 ▷▷▷▷▷

ふじたや山中店
ソムリエのご主人がワイナリーに出向いて吟味した山梨県産ワインが豊富にそろっています。リーズナブルなお値打ちワインも多数。
山梨県山中湖村山中99
☎0555-62-1511

吉田のうどん
富士吉田市のご当地グルメ。太くてもっちりとした手打ちうどんは、食べごたえあり。市内には約50軒のお店があります。
☎0555-21-1000
（ふじよしだ観光振興サービス）

問い合わせ先
山中湖村役場
☎0555-62-1111
京王高速バス予約センター
☎03-5376-2222
富士急バス
☎0555-72-6877

石割山
ishiwariyama

1:35,000

1km

N

富士吉田市

忍野村

山梨県
山中湖村

413

138

138

瀬戸IC

山中湖IC
1IC

② 石割山
1413

① 平野バス停
WC

卍

片石割山

1318

③ 平尾山

1267
大窪山

40分

④ 大平山
1296

▲飯盛山
1178
長池山

大出山
▲1102

⑤ 大出山入口バス停

⑥ 富士山山中湖バス停

⑦

卍

1時間30分

40分

急な下り

丸太の階段が続く

40分

20分

40分

1時間

ここまで石段

赤橋、鳥居あと

平野山から平野バス停へ下り約1時間

茅葺名主荘地

ここから舗装道路

花の都公園

山中のヒメツギ

ホテルマウント富士

紅富士の湯

富士吉田・大月ICへ

富士吉田・大月へ

自衛隊
北富士演習場

ふじたや山中店

山中

平野

後沢乗越を過ぎると稜線はカエデなど広葉樹の森に。立ち止まって周りを眺めてみましょう

15 鍋割山

nabewariyama

なべわりやま 神奈川県秦野市

心地よいブナやカエデの林を歩き展望の頂へ

標高●1273m
歩行時間●5時間15分
レベル●体力・脚力に
　　　　自信がついたら

渋沢駅からタクシーで車止めゲートまでアクセス。クルマも通れる広さの土の道が続きますが、道の両側には広葉樹が茂り、木漏れ日が心地よい感じ。しばらく歩き続けると、登山者カード入れのある二俣に到着。道標に従って目の前の川を渡り、左に続く広い道を登っていきます。ゆっくり登っていくと、水の入ったペットボトルがいくつも置かれている場所があります。山頂の鍋割山荘で使う水で、登山者に協力をお願いしているもの。体力があれば、1本担いで山荘に持っていきましょう。

　この先で川を渡り、本格的な山道が始まります。杉の樹林の中、急な登りを詰めていきますが、見上げるとまっすぐに伸びた杉の木々がすがすがしい雰囲気。杉の樹林から明るい広葉樹の林に変わり、さらに登っていくと、後沢乗越です。ここからはカエデの樹林の中、稜線歩きが続きます。緑がみずみずしい新緑の時期、木

1.一本担いで登りませんか？
2.丹沢の山にはシカが多く見られます　3.静かな杉の林　4.カエデの紅葉がきれいな稜線
5.山小屋の建つ鍋割山の山頂
6.鍋割山名物の鍋焼きうどん。具だくさんで体も温まりますよ
7.周辺の山々を確認してみましょう　8.マツの木の皮は不思議な模様が　9.心地よい樹林

木が赤や黄色に色づく紅葉の時期は、とくに歩くのが楽しい道です。登りはかなり急なので、木々の間から見える景色も楽しみながら、のんびりといきましょう。少し周りが草原ぽくなり、道の脇にアセビの低い木々が見られるようになると、山頂は間もなくです。

鍋割山の山頂には、鍋割山荘が建っています。名物の鍋焼きうどんを食べていきましょう。新鮮な野菜がたっぷり入ったアツアツのうどんに、歩いてきた疲れも吹き飛びます。山頂からの景色も楽しみましょう。天気に恵まれれば富士山や箱根の山々がきれいに見渡せます。

登山計画書を出してね〜

アセビの木！

鍋割山からは、塔ノ岳方面に。このあたりはブナの木が多く見られます。晴れたときに木漏れ日が射す道もいいですが、少し曇って霧のかかっているときは幻想的な雰囲気に。小丸の先で「二俣」方面に曲がり、小丸尾根を下ります。歩き始めてすぐに目の前が開けて、相模湾の海岸線が一望に。山や町並み、海岸線が箱庭のように見渡せます。

ここからはブナやカエデ、松の樹林をひたすら下っていき、行きに通った二俣の分岐に飛び出します。来た道を戻りゲートに向かいます。小丸尾根はやや急で道の分かりにくいところもあるので、体力や技術に不安があれば鍋割山から来た道を戻りましょう。

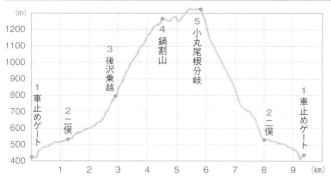

▶ Course time

▶ Info

このルートでは春から秋にヤマビルが出没します。とくに6～9月の雨の日、雨上がりの日は活動が活発で、皮膚に貼り付いて吸血されます。市販のヤマビル避けの薬剤を靴や衣類に塗ったり、靴に塩を塗り込むと防ぐことができます。

♨ 立ち寄り湯

秦野天然温泉さざんか

渋沢駅のふたつ隣駅、東海大学前駅にある天然温泉のスーパー銭湯。広々としてジャクジーもある露天風呂が気分爽快。大浴場には、ジェット噴流のストロングバスや、電気風呂、サウナなどもあり、山の疲れをしっかり癒やせます。入浴後は、メニューの充実した食事どころでゆっくりくつろぐこともできます。

神奈川県秦野市南矢名2-13-13
☎0463-78-0026
東海大学前駅から徒歩7分
10:00～22:00、第3火曜休、入浴料700円（土・日曜、祝日は850円）

立ち寄りどころ 🏠

鍋割山荘

鍋割山山頂の山小屋。名物の鍋焼きうどんのほか、手挽きのコーヒーや甘酒も人気です。登頂の記念に山バッジやTシャツも販売。
☎0463-87-3298
☎090-3109-3737（現地）

JAはだの特産センター渋沢店

新鮮で安心な農産物をはじめ、食品などを販売しています。秦野市産の新鮮な旬の野菜も豊富です。渋沢駅から徒歩1分。
神奈川県秦野市柳町1-14-2
☎0463-87-8835

● アクセスデータ

ゆき：新宿から小田急の急行で1時間15分（690円）、渋沢駅下車。渋沢駅から、表丹沢県民の森の中の車止めゲートまでタクシーで約20分（約3200円）。

かえり：往路を戻る。

※大倉に下山の場合、大倉バス停から渋沢駅まで神奈川中央交通バスで15分（210円）。

● トイレ

鍋割山山頂の鍋割山荘の脇にバイオトイレあり（チップ制）。登山口にはトイレがないので、渋沢駅で済ませておくこと。

● 買い出し

渋沢駅構内にベーカリーあり。

問い合わせ先

秦野市役所
☎0463-82-5111
秦野交通（タクシー）
☎0463-81-6766
神奈川中央交通秦野営業所
☎0463-81-1803

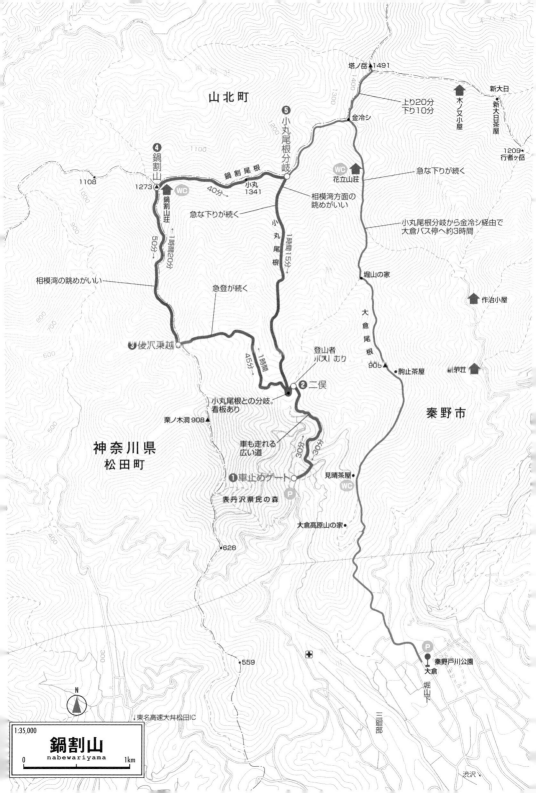

山北町

塔ノ岳▲1491

新大日

木ノ又小屋

新大日茶屋

上り20分
下り10分

金冷シ

1209●
行者ヶ岳

⑤ 小丸尾根分岐

急な下りが続く

WC 花立山荘

④ 鍋割山
1273▲

鍋割尾根

小丸
1341

鍋割山荘 WC

40分

相模湾方面の
眺めがいい

小丸尾根分岐から金冷シ経由で
大倉バス停へ約3時間

1時間20分

50分

小丸尾根

1時間15分

堀山の家

作治小屋

相模湾の眺めがいい

急登が続く

③ 俊沢乗越

45分

1時間

登山者
バスあり

② 二俣

大倉尾根

905●

駒止茶屋

●

秦野市

小丸尾根との分岐。
看板あり

栗ノ木洞908▲

車も走れる
広い道

神奈川県
松田町

300

① 車止めゲート

P

見晴茶屋

WC

表丹沢県民の森

大倉高原山の家

●628

秦野戸川公園

P

大倉

堀山下

559●

卍

三廻部

N

↓東名高速大井松田IC

渋沢

1:35,000

鍋割山
nabewariyama

0   1km

苔むした大石が連なる沢沿いの道。ところどころ鎖もつけられています

棒ノ折山

ぼうのおれやま 埼玉県飯能市

新緑・紅葉が心地よい明るい樹林を楽しむ

標高●969m
歩行時間●5時間
レベル●鎖場あり。
経験を積んだら

スタートはノーラ名栗・さわらびの湯バス停から。舗装道路を緩やかに登っていくと、水をいっぱいにたたえた名栗湖に出ます。橋を渡って湖の対岸に出たら道なりに。道標に従って、登山道に取り付きます。はじめは杉の樹林帯の中の道。沢のせせらぎが響くようになると、左側に沢や小さな滝が見えてきます。しばらく歩くと、登山道は沢に近くなり、何度か沢を渡りながら進むようになります。岩っぽいところも

現れ、少し緊張しますが、岩には道が分かるようにペンキでマーキングがされているので、見落とさないように。なるべく歩きやすいところを選びながら、慎重に足を運びましょう。ところどころに滝も見られます。

緊張の強いられる岩場を過ぎると、だんだん道は緩やかになり、明るい樹林の中を気持ちよく歩けます。春には新緑、秋には紅葉のきれいなところです。林道を渡ると広場があるので、

1 2 3 4

左：大きな岩の中をアドベンチャー気分で通過
右：ドウダンツツジは秋には真っ赤に紅葉

休んでいくといいでしょう。ここからは快適な樹林の中の道が続きますが、徐々に急な登りになっていきます。丸太の階段が取り付けられているところもあり、微妙な段差に少し息が上がります。意識してゆっくり、一歩ずつ確実に足を運ぶうちに、独特の形の岩茸石を過ぎ、奥多摩方面との交差点でもある権次入峠に到着します。ここから山頂までは約10分の道のり。はじめは平坦ですが、最後は樹林の中の急な登りが待っています。

山頂は広々としていて、関東平野が一望できます。天気がよければ目の前に山々が連なる姿も。ベンチやテーブルもありますが、広いスペ

マナーを守って登ろうね

お気をつけて

ースなのでレジャーシートを広げてランチを楽しむのもよさそうです。

下山は、来た道を岩茸石まで戻り、岩茸石からは道標に従って「河又」方面に下ります。道標がいくつも立てられているのを見落とさないように。足下にも十分注意して歩きましょう。後半はうっそうとした杉の樹林帯。少し急な下りもあり、最後まで気が抜けません。クルマの走る音が近くなり、木々の間から建物の姿が見えてくると、山道も間もなく終了。墓地のある民家の脇に出て、道なりに歩き、舗装された急な上り道を詰めると、ゴールのさわらびの湯は近いです。

1.名栗湖は有間ダムによる人造湖　2.しっとりとした雰囲気の杉の樹林　3.白谷沢にはいくつか滝がかかり、登山道からも眺められます　4.岩茸石は裏側から登れます　5.サクラの大木も立つ棒ノ折山の山頂　6.棒ノ折山山頂から北方向の眺め。奥武蔵の山々が見渡せます

▶ Hiking data

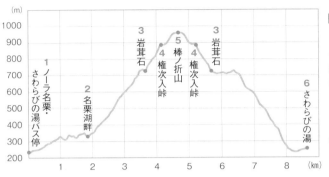

(m)

縦軸: 1000, 900, 800, 700, 600, 500, 400, 300, 200

- 1 ノーラ名栗・さわらびの湯バス停
- 2 名栗湖畔
- 3 岩茸石
- 4 権次入峠
- 5 棒ノ折山
- 4 権次入峠
- 3 岩茸石
- 6 さわらびの湯

横軸: 1 2 3 4 5 6 7 8 (km)

▶ Info

棒ノ折山にはいくつかのルートがありますが、今回登りに使う白谷沢は、雨上がりには増水し、沢を渡るのが難しくなります。冬も岩場が凍結して滑りやすくなるので、滝ノ平尾根など別のルートから登りましょう。

▶ Course time

ノーラ名栗・さわらびの湯バス停 → **20分** → 名栗湖畔 → **2時間** → 岩茸石 → **35分** → 権次入峠 → **15分** → 棒ノ折山 → **30分** → 岩茸石 → **1時間20分** → さわらびの湯

♨ 立ち寄り湯

さわらびの湯

名栗湖のそばにある、天然温泉の日帰り入浴施設。ガラス窓越しに豊かな緑が眺められる大浴場にはジェットバスやジャクジーがあり、山の疲れを癒やしてくれます。緑が間近に迫る露天風呂も快適です。入浴後は畳敷きの広場や板張りのラウンジでひと休み。1階のお土産売場は、素朴な地元の特産品がそろっています。

埼玉県飯能市下名栗685
☎042-979-1212
さわらびの湯バス停から徒歩5分
10:00～18:00、第1・3水曜休、入浴料3時間800円

‥‥‥‥‥‥ 立ち寄りどころ 🏠 ‥‥‥‥‥‥

カフェ&ショップヤマセミ

地元産の農産物加工品や雑貨などを販売する直売所。テラス席のあるカフェも併設。建物は地元の木材で建てられています。
埼玉県飯能市下名栗607-1
☎042-979-0010

銀河堂

江戸時代に建てられた蔵を使った、レトロな雰囲気のカフェ。コーヒーや手作りケーキが味わえます。飯能駅から徒歩10分。
埼玉県飯能市本町1-4
☎042-972-0492

● アクセスデータ

ゆき：池袋から西武池袋線で1時間（480円）、飯能駅下車。国際興業バスで50分（630円）、ノーラ名栗・さわらびの湯下車。

かえり：往路を戻る。

※さわらびの湯からバス停までは徒歩5分ほど。やや距離があるので、帰りのバスに乗り遅れないように注意。

● トイレ

ノーラ名栗・さわらびの湯バス停そばに、トイレあり。

● 買い出し

ノーラ名栗・さわらびの湯バス停周辺にコンビニなし。飯能駅の売店や駅周辺のコンビニで調達を。

問い合わせ先
飯能市役所
☎042-973-2111
国際興業バス（飯能）
☎042-973-1161

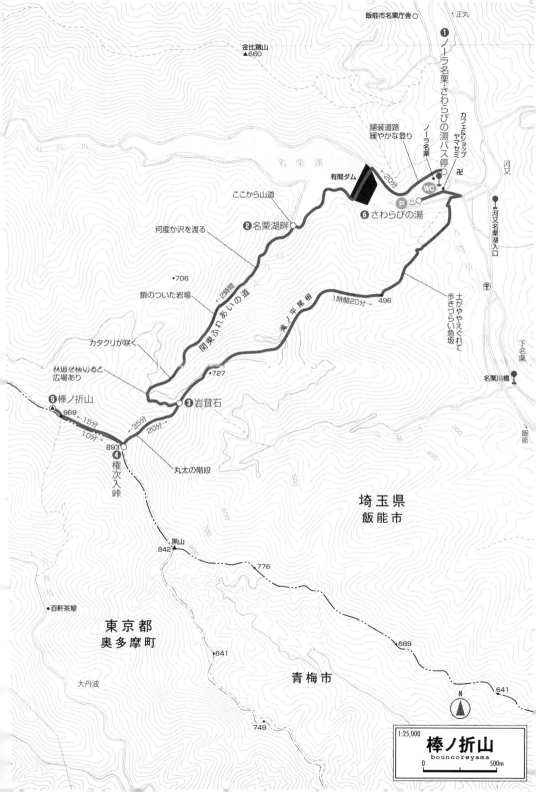

鳴虫山はヤシオツツジの名所。ピンク色のアカヤシオ、真っ白なシロヤシオが稜線を彩ります

17 鳴虫山
nakimushiyama

なきむしやま 栃木県日光市

山のツツジと日光連山の大展望

標高●1104m
歩行時間●4時間
レベル●脚力が必要

　スタートは東武日光駅から。国道を日光東照宮方面に向かって歩いていきます。「鳴虫山ハイキングコース」の道標に従って左に曲がります。住宅街の中を歩いていきますが、分岐には道標がついているので見落とさないように。登山口に取り付くと、カエデやミズナラの明るい林が出迎えてくれます。木漏れ日を浴びながら、ゆっくりと歩いていきましょう。やがて樹林は明るい広葉樹から、静けさ漂う杉の林に変わっ

ていきます。木々の根元にはコアジサイの低い木々が見られ、梅雨時には薄紫色の花をたくさん見せてくれます。

　ずうっと上り坂が続きますが、ひたすら歩みを進めていくと、やがて林が少し明るくなります。「神ノ主山」の道標が現れると、一気に坂が急になり、足場も少し悪くなりますが、めげずに歩いていくと神ノ主山の山頂です。目の前に大きく山々が見えて、ちょっと感激。左手の

1.東武日光駅から歩き始めます　2.コアジサイの黄葉は薄暗い樹林でよく目立ちます　3.秋は落ち葉を踏みしめて歩くのも楽しいものです　4.神ノ主山から眺めるどっしりとした女峰山　5.鳴虫山への道は急な登りもあります　6.鳴虫山の山頂は日光連山が一望に見渡せる絶景ポイントです　7.山頂の看板。よくがんばりました

これが目印

鳴虫山登山口➡

きれいな形の山が男体山（なんたいさん）、真ん中の大きな山の塊（かたまり）が女峰山（にょほうさん）や赤薙山（あかなぎやま）。眼下には日光市街が箱庭のように広がっています。

　神ノ主山からは気持ちのいい尾根歩き。ブナなどの広葉樹林が広がっています。新緑の美しい5月には、赤紫色のトウゴクミツバツツジやヤシオツツジ、真っ白なシロヤシオなどの山のツツジが咲き、思わず立ち止まって眺めてしまいます。5月下旬ごろには淡い朱色のヤマツツジも見頃を迎えます。山のツツジは園芸種のツツジより清楚な雰囲気で、山の緑にしっくりと溶け込んでいます。

　はじめは緩やかだった登山道で

紅葉の時期もステキです

すが、山頂が近づくにつれ、木の根っこが出て歩きづらかったり、少し岩の出たところも現れます。ゴール目前で焦る気持ちを抑えて一歩ずつ、ゆっくり歩いていきましょう。右手には樹林越しに日光連山の姿も眺められます。

　がんばって歩き、最後の登りを詰めると、鳴虫山に到着。やや広い山頂からは、日光連山がきれいに眺められます。ゆっくりと休んでいくといいでしょう。帰りは来た道を戻りますが、登りより下りのほうが、斜面が急に感じられます。下り始めは十分に注意して足を運びましょう。景色を楽しみながら歩き、ゴールの東武日光駅へ戻ります。

▶ Hiking data

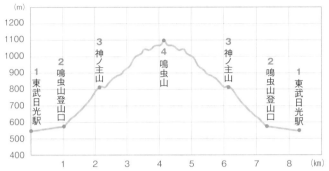

▶ Info

山頂から独標に向かい、憾満ヶ淵（含満淵）を経由する周遊コースも人気があります。鳴虫山から東武日光駅まで約2時間30分。鳴虫山から先は足場の悪い急な下りが続き、道が分かりづらいところもあるので、体力と経験のある人向け。

▶ Course time

東武日光駅 →20分→ 鳴虫山登山口 →55分→ 神ノ主山 →1時間5分→ 鳴虫山 →50分→ 神ノ主山 →50分→ 東武日光駅

♨ 立ち寄り湯

やしおの湯

日光市の市営日帰り入浴施設。入浴料金もリーズナブルで、登山者や観光客だけでなく地元の人々にも親しまれています。ガラス張りで明るく、広々とした大浴場のほか、和風のしつらえの露天風呂もあり、山々が眺められます。自慢の湯はアルカリ性単純温泉で、とろりとした肌触りで、入浴後は肌がすべすべします。

栃木県日光市清滝和の代町1726-4
☎0288-53-6611
日光駅からクルマで15分
10:00～21:00、木曜休、入浴料700円

───────── 立ち寄りどころ 🏠 ─────────

明治の館 ケーキ・ショップ

日光の人気洋食店、明治の館のショップ。上品な味わいのケーキやクッキーなどがそろいます。2階にはカフェスペースも。
栃木県日光市松原町4-3
☎0288-54-2149

かまやカフェ・デュ・レヴァベール

れんが造りでシックな雰囲気のカフェレストランです。とちぎ和牛のローストビーフや日光名物のゆばが入ったNIKKO丼が美味。
栃木県日光市松原町12-6
☎0288-54-0685

●アクセスデータ

ゆき：浅草駅から東武鉄道の快速2時間10分（1390円）、東武日光駅下車。東武鉄道特急利用の場合は、浅草―東武日光間1時間50分・指定席2860円。
※JR新宿駅から池袋駅・大宮駅を経由して東武日光行きの直通特急もあり（新宿駅から2時間・指定席4080円）。
かえり：往路を戻る。

●トイレ

東武日光駅にあり。登山口から先にトイレはありません。

●買い出し

東武日光駅に売店があるほか、駅から徒歩5分ほど、道中にコンビニあり。

問い合わせ先
日光市観光協会
☎0288-22-1525
東武鉄道お客さまセンター
☎03-5962-0102

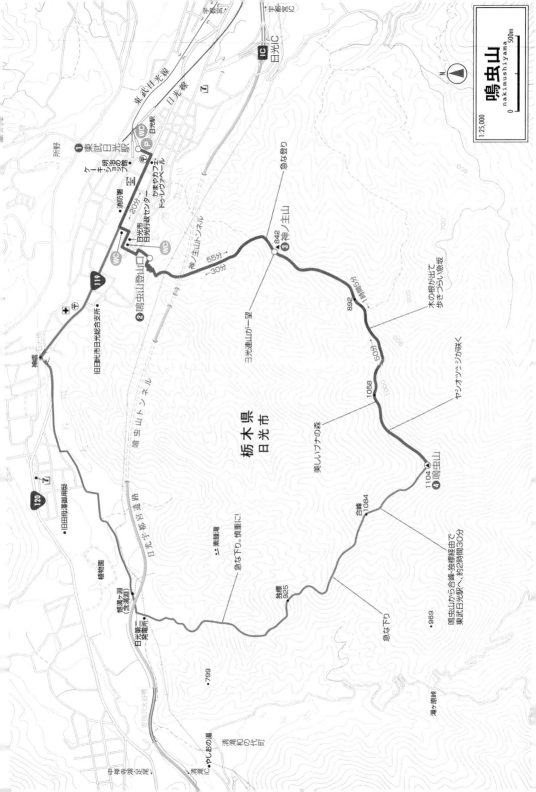

鳴虫山
nakimushiyama

1:25,000

0 ━━━ 500m

N

栃木県
日光市

❶東武日光駅

❷鳴虫山登山口

❸神ノ主山 ▲842

❹鳴虫山 ▲1104

120

119

119

ケーキ・明治の館
松月
ケーキ・かまやカフェ
かまや本店 ドゥレヴァベール

日光市
日光行政センター

旧日光市日光総合支所

消防署

日光駅

東武日光駅

東上野日光線

日光線

日光IC

IC 日光IC

手前宮

所野

神橋
神橋 白糸橋

旧田母澤御用邸跡

植物園

日光宇都宮道路

鳴虫山トンネル

神ノ主山トンネル

日光発電所

憾満ヶ淵
(含満ヶ淵)

滝ヶ原峠

独標
925

合峰
1084

892

1058

1008

羽黒神社

30分
55分
20分

50分

木の根が出て
歩きづらい急坂

急な登り

ヤシオツツジが咲く

美しいブナの森

日光連山が一望

急な下り、慎重に!

急な下り

独標
925

鳴虫山から合峰・独標経由で
東武日光駅へ、約2時間30分

安曾沢大谷川

清滝和の代町
和の代町

やしおの湯

清滝
IC・清滝・足尾

中禅寺湖・足尾

WC

WC

WC

P

・969

・799

来迎滝

山ランチ、何食べてますか？

素敵な景色を眺めながら食べるランチは
最高のぜいたく。山で見られるお昼ご飯
風景を紹介してみましょう。

メスティンで
ごはんを
炊いたよ！

山で調理派

とろーり
チーズの
ホットサンド!!

手作りお弁当派

作ってるときから
ワクワク

カップ麺派

山で食べると、
こんなにおいしいなんて！

お湯の偉大さに
感動します

日帰りなら
お手軽です

あなたなら、どう楽しみますか？

Part-4

あこがれの山

名前は聞いたことがある山、
行ってみたいと思ってたあこがれの場所。
がんばれば日帰りで行けないことはないけれど、
山小屋に泊まって、山のすべてを心ゆくまで
楽しんでみませんか。

尾瀬ヶ原

おぜがはら　群馬県片品村

のびやかな湿原が広がる高山植物の楽園

標高●1400m（竜宮）
歩行時間●5時間30分
レベル●慣れてきたら

初夏のミズバショウ、夏のニッコウキスゲ、そして秋は草もみじ。
いつ訪れてもステキな景色が待っている、尾瀬はとっておきの場所です。
時間をたっぷり取って、清らかな山の空気を感じてみませんか。

湿原の中に池塘が点在する尾瀬ヶ原。
背後の山は至仏山です

青々とした湿原の中に木道が設けられています。前方に見えている大きな山が燧ヶ岳です

山が好きな人も、そうでもない人も、一度は行ってみたいと思うのが尾瀬ではないでしょうか。広い広い尾瀬は大きく分けて尾瀬ヶ原と尾瀬沼のふたつのエリアに分かれますが、今回は鳩待峠を起点に尾瀬ヶ原を散策しましょう。

シーズン中には夜行バスや電車も多く運行され、夜行日帰りのバスツアーも多いのですが、時間が許せば山での1泊をおすすめします。時間を気にせずゆっくり楽しめますし、快適に過

尾瀬ビジターセンター。動植物のことがよくわかるガイドマップもありますよ

ごせる山小屋も多いです。

スタートはバスの発着所にもなっている鳩待峠から。はじめに石の階段を緩やかに下り、そのうちに木道が始まります。周りは木々が茂り、明るい林を作り出しています。しばらく歩くと左手に大きな山の姿が。至仏山です。山ノ鼻まではずうっと下り道。木道は雨上がりなどでぬれていると滑りやすくなるので、注意が必要です。山ノ鼻では尾瀬ビジターセンターに立ち寄っていきましょう。尾瀬で見られる動植物の案内のほか、分かりやすい展示コーナーもあります。

山ノ鼻を過ぎると、目の前に広がるのは広々とした湿原、その向こうに見える大きな山は燧ヶ岳。湿原の中につけられた木道を歩いていきましょう。尾瀬の湿原では、必ず木道を歩き、

1.初秋に白い花を咲かせるアケボノソウ　2.池塘の水面に燧ヶ岳が映り込む「逆さ燧」も見どころです　3.鳩待峠から山ノ鼻にかけては広葉樹の森　4.池塘に浮かぶヒツジグサの葉。秋には赤や黄色に　5.カモの親子を発見！　子ガモがなんとも可愛い　6.ヨッピ橋の先に東電小屋があります　7.木道のあちこちにベンチが。疲れたらひと休み

道を外れてはいけません。歩くにつれてどんどん大きくなっていく燧ヶ岳の姿。来た道を振り返ると、至仏山が大きくたおやかな山姿を見せています。ふたつの山に見守られながら、木道を歩いていきます。

これだけの自然の中を、黙々と足早に歩くだけではもったいない。歩みをゆっくりにして、湿原の中を見てみましょう。5月の雪解けの頃には、ミズバショウの白い花やリュウキンカの黄色い花が湿原から顔をのぞかせ、7月になればニッコウキスゲが湿原を埋め尽くすように咲き乱れます。また、よく見れば小さな花の姿をあちこちで見かけることができる

尾瀬名物
花豆ソフト

鳴らしてね

でしょう。湿原にできた池塘（ちとう）にはかわいらしい形のヒツジグサが浮かんでいますし、ときどきカモがゆっくりと泳いでいるのも見られます。

木道はずうっと平坦なのですが、実は距離が長いので、だんだん足に疲れを覚えてきます。木道のところどころにつけられたベンチで、休みを入れながら歩くといいでしょう。まっすぐ歩き、竜宮小屋（りゅうぐう）まで着いたら左折してヨッピ橋方面へ。ぐるりと回るようにして中田代三叉路（なかただいさんさろ）まで戻り、そこからは来た道を戻ります。一度歩いた道でも、行きと帰りで方向が違うと、見えるものも変わってきます。景色を楽しみながら鳩待峠に向かいましょう。

▶ Hiking data

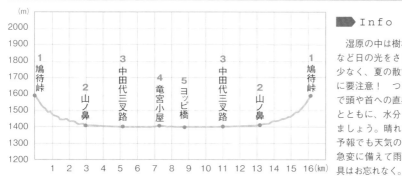

▶ Info

湿原の中は樹林やあずまやなど日の光をさえぎる場所が少なく、夏の散策時は熱中症に要注意！ つばつきの帽子で頭や首への直射日光を防ぐとともに、水分を十分にとりましょう。晴れ予報でも天気の急変に備えて雨具はお忘れなく。

▶ Course time

🈂 山でお泊まり

山の鼻小屋

山ノ鼻エリアに建つ、家族的なおもてなしがうれしい山小屋。客室は基本的に個室で利用できます。夕食は地元の山の幸を取り入れた、素朴な味わいの手作り料理。お風呂もあり、自慢の薬草湯に浸かれば、散策で疲れた体もしっかり癒やされるはず。散策の途中には、売店や軽食コーナーに立ち寄っても。

群馬県片品村戸倉中原山898-9
☎0278-58-7411
☎090-8397-2306（現地）
1泊2食付き1万円〜
営業期間は4月下旬〜10月下旬

------ 立ち寄りどころ 🏠 ------

鳩待峠休憩所

うどんやそばなどの軽食が味わえるほか、土産物、登山用品を扱う売店も。地元名産の花豆を使ったソフトクリームが人気です。
群馬県片品村戸倉761-1
☎0278-58-7311（尾瀬林業）

花咲の湯

広々とした露天風呂が心地よい、日帰り入浴施設。地元食材を味わえるレストランもあり。戸倉からタクシーで30分。
群馬県片品村花咲1113
☎0278-20-7111

●アクセスデータ

ゆき：東京駅から上越新幹線で1時間20分（指定席6020円）、上毛高原下車。関越交通バスで1時間55分（2500円）、戸倉で乗り換えて30分、鳩待峠下車（1000円）。
かえり：往路を戻る。
※関越交通の高速バス「尾瀬号」が5月下旬〜10月中旬運行。新宿〜戸倉所要約5〜6時間、3800円〜。

●トイレ

鳩待峠、山ノ鼻、竜宮小屋にあり。

●買い出し

鳩待峠休憩所に売店あり。

●宿泊

尾瀬全域、鳩待峠、山ノ鼻、竜宮に山小屋あり。

問い合わせ先

片品村役場
☎0278-58-2111
関越交通（沼田）
☎0278-23-1111
関越交通（鎌田）
☎0278-58-3311

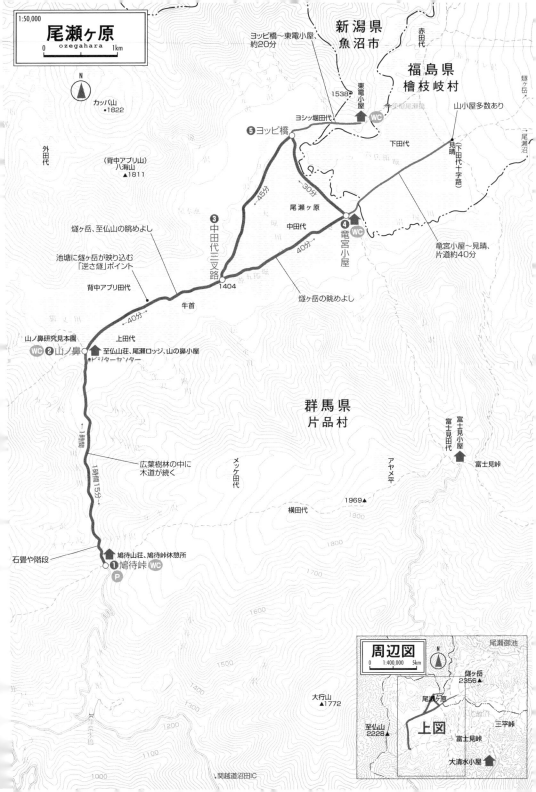

尾瀬ヶ原
ozegahara

1:50,000

0　　　　　1km

N

カッパ山
•1822

外田代

(背中アブリ山)
八海山
▲1811

新潟県
魚沼市

赤田代

福島県
檜枝岐村

ヨッピ橋〜東電小屋
約20分

1538▲　東電小屋　WC

ヨシッ堀田代

⑤ ヨッピ橋

下田代

山小屋多数あり

見晴
(下田代十字路)

燧ヶ岳、至仏山の眺めよし

池塘に燧ヶ岳が映り込む
「逆さ燧」ポイント

背中アブリ田代

45分

尾瀬ヶ原

中田代

30分

③ 中田代三叉路

1404

牛首

40分

40分

④ 竜宮小屋　WC

竜宮小屋〜見晴、
片道約40分

燧ヶ岳の眺めよし

40分

山ノ鼻研究見本園
WC ② 山ノ鼻

上田代

至仏山荘、尾瀬ロッジ、山の鼻小屋
ビジターセンター

1時間

広葉樹林の中に
木道が続く

1時間15分

群馬県
片品村

メッケ田代

富士見小屋

富士見田代

富士見峠

アヤメ平

1969▲

横田代

1900

1800

1700

1600

石畳や階段

① 鳩待峠　WC

鳩待山荘、鳩待峠休憩所

P

1500

1400

大行山
▲1772

1300

1200

1100

1000

関越道沼田IC

周辺図

0　　　　　5km
1:400,000

N

尾瀬御池

燧ヶ岳
2356▲

尾瀬ヶ原

上図

至仏山
2228▲

三平峠

富士見峠

大清水小屋

北横岳からの景色。左手のギザギザは八ヶ岳、雲の向こうに連なっているのが南アルプスの山々です

19
kitayokodake

北横岳
きたよこだけ 長野県茅野市

針葉樹の森を抜けてアルプスの展望台へ

標高●2480m
歩行時間●3時間
レベル●天候判断が難。
　　　　経験を積んだら

　北八ヶ岳ロープウェイに乗って、標高2237mの山頂駅へ。山頂駅一帯は坪庭と呼ばれ、ごつごつした黒い溶岩の中にハイマツやシラビソなどの針葉樹が生えて、天然の日本庭園のようです。ぐるりと一周するように作られた散策路は約30分で周遊でき、時計回りの一方通行。夏にはハクサンシャクナゲの白い花や、足下にはコケモモやイワカガミなど小さな高山の花が見られます。

　坪庭の散策路と北横岳の分岐を左に進み、いよいよ本格的な登山道。うっそうとしたシラビソの林の中につけられた急な山道を登っていきます。息が上がってきたら大きく深呼吸。木が発している独特の甘い匂いが心地よく感じられるでしょう。森林の雰囲気を楽しみながら歩くうちに、素朴な木造の北横岳ヒュッテに到着。ベンチやテーブルもあるので、少し休憩していくのもいいでしょう。ここからは少し急な登り

1.ボディカラー鮮やかな北八ヶ岳ロープウェイ　2.北八ヶ岳の森は苔の美しさにも定評あり　3.北横岳ヒュッテでちょっとひと休み　4.北横岳北峰から蓼科山の眺め　5.山肌を覆う緑と白の縞模様、不思議な縞枯現象　6.北八ヶ岳で多く見られるシラビソの木　7.日本庭園のような坪庭自然園　8.縞枯山荘は草原の中にあります

に。ごろごろした石が連なり少し歩きづらいですが、見上げると空がだんだん近くなってくるのが分かります。そしていよいよ山頂に到着！

　広々とした山頂はさえぎるものがなく、360度の展望が広がっています。北側のこんもりとした山は蓼科山、南側にギザギザと重なっているのは北横岳から続く八ヶ岳の山々。その右奥（西）に南アルプス、その右奥に中央アルプス、そのまた右奥に北アルプス。自分の足でたどり着いた絶景ポイント、感動がこみ上げてきます。心ゆくまで満喫していきましょう。北横岳は北峰と南峰があります。歩いてきてはじめに着くの

気をつけて乗ってね

いらっしゃーい

が南峰、そこから北峰へは歩いて5分ほど。どちらも眺めはいいです。

　下山はさらに慎重に。来た道を戻り、坪庭まで戻ってきたら、一方通行の散策路を進みます。周囲の山々を見てみると、緑の木と白くなった枯れ木が縞模様のようですが、これが縞枯現象。木製の階段を下り、突き当たりを左に進むとやがて草原が広がる広場に出ます。草原の中に建つ縞枯山荘でひと休みしていきましょう。山荘からロープウェイ山頂駅までは約20分ほどの平坦な道のりです。時間と体力が許せば、縞枯山まで足を延ばしてみるのもいいでしょう。白い枯れ木が建ち並ぶ不思議な景観が広がっています。ここから山頂駅までは約1時間。

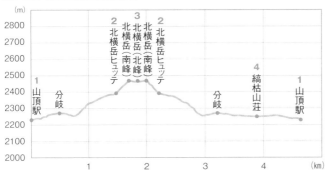

1泊の場合、北横岳周辺をベースにのんびり楽しむなら北横岳ヒュッテ、縞枯山や茶臼山などに足を延ばしたいなら縞枯山荘が便利です。縞枯山荘泊まりの場合、たとえば初日に北横岳を往復、2日目は縞枯山から茶臼山へ足を延ばし、ぐるりと周遊するのもいいでしょう。

▶ Course time

| 山頂駅 | →1時間10分→ | 北横岳ヒュッテ | →20分→ | 北横岳 | →15分→ | 北横岳ヒュッテ | →55分→ | 縞枯山荘 | →20分→ | 山頂駅 |

♨ 山でお泊まり

縞枯山荘

草原の中、青いとんがり屋根がよく目立つ山小屋。収容人数は約60人、こぢんまりとしたアットホームな雰囲気です。昼は喫茶・軽食メニューもあり、山の水でいれたコーヒーを眺めのいいウッドデッキで味わえます。冬期も営業を行っていて、テレマークスキースクールやスノーシューのレンタルもできます。

長野県茅野市北山4035
☎0266-67-5100
1泊2食付き8800円
通年営業（不定休あり）

━━━━━ 立ち寄りどころ 🏠 ━━━━━

北八ヶ岳ロープウェイ山麓駅

長野や蓼科の土産物がそろうショッピングコーナー、そばやソースカツ丼など地元の名物料理が味わえるレストランがあります。
長野県茅野市北山4035
☎0266-67-2009

モン蓼科

茅野駅の駅ビル「ベルビア」2階のレストラン。ボリュームたっぷりの和食、洋食メニューが揃っています。蓼科高原の地ビールもあり。
長野県茅野市ちの3502-1ベルビア2階 ☎0266-73-0100

●アクセスデータ
ゆき：新宿駅からJR中央本線特急で2時間10分（指定席5650円）、茅野駅下車。アルピコバス北八ヶ岳ロープウェイ行き55分（1300円）、終点下車。山頂駅へはロープウェイで約7分・往復2100円（片道1200円）。
かえり：往路を戻る。
●トイレ
ロープウェイ山麓駅、山頂駅にあり。北横岳ヒュッテ、縞枯山荘は有料。
●買い出し
ロープウェイ山麓駅、山頂駅にそれぞれ売店あり。
●宿泊
北横岳ヒュッテ、縞枯山荘あり。

問い合わせ先
茅野市観光協会
☎0266-73-8550
アルピコ交通（茅野営業所）
☎0266-72-7141
北八ヶ岳ロープウェイ
☎0266-67-2009

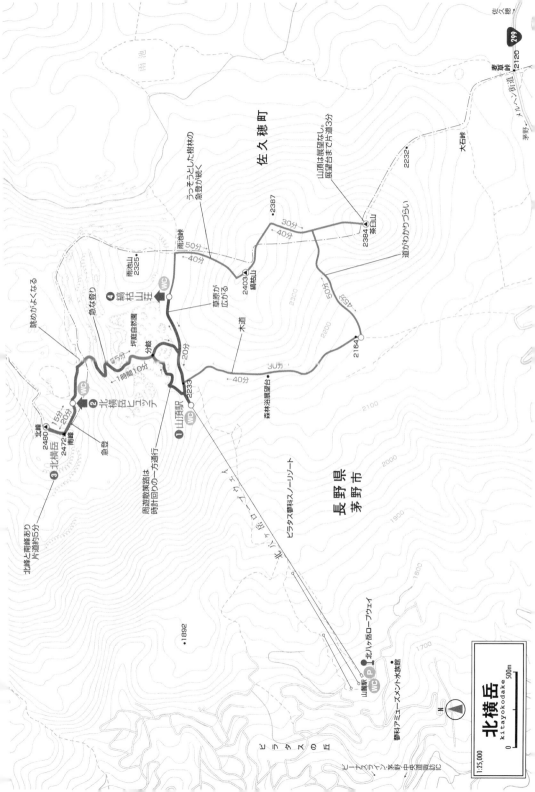

佐久穂町

長野県
茅野市

北横岳
kitayokodake

1:25,000

0 ─────── 500m

N

column
5

泊まってみたいけどココが気になる！

はじめての山小屋　Q&A

山小屋と普通の旅館ってどう違う？
初心者でも泊まっていい？
ちょっと気になることにお答えします。

Q

客室は
どうなっているの？

A 多くの山小屋は、広い部屋に布団を並べて寝る、大部屋
タイプです。お隣が知らない人……ということもあります。
しかしよほどのハイシーズンでない限り、知らない男女が隣
り合わないように、あるいはグループごとにすき間を空ける
などの配慮をしてくれます。

Q

知らない人の隣で
寝たくない！

A 個室のある山小屋も多く、宿泊料金に個室利用料をプラ
スして利用することができます。ハイシー
ズンには個室があっても利用できない
こともあるので、予約時に個室があるか、
使えるか確認をするといいでしょう。

Q

お風呂はあるの？

A 温泉地にある山小屋を除き、お風呂のない山小屋が大半
で、水道のない山小屋も多いです。お風呂がある場合も、山
の環境を守るため、石けんやシャンプーは利用できないこと
が多いです。汗をかいた体は、ぬれたタオルやウエットティ
ッシュでふくだけでもさっぱりしますよ。

Q

予約は必要ですか？

A 宿泊は基本的に予約が必要です。
予約方法は電話のほか、山小屋のサイ
トからネット予約できるところも多い
です。予約時に、登山道の状況なども
確認しておくとよいでしょう。

Q

持っていったら
いいもの
とかありますか？

A 基本的な持ちものは、通常のハイキングの装備に、着替
えを持っていくくらいですが、耳栓（いびき対策）、ウエッ
トティッシュなどでしょうか。コンパクトに収納できる薄手
のリラックスパンツがあると、小屋で快適です。あと、山小
屋では消灯時間があります。ヘッドライトをお忘れなく。

日本一の山

日本一標高が高くく、日本一有名で、
日本一多くの人に愛されている
そんな「日本一の山」が富士山。
今年こそ登ってみませんか。
もちろん楽しく、ゆるゆると。

富士山

ふじさん 山梨県富士河口湖町、富士吉田市、静岡県御殿場市

眺めてよし、登ってよし、日本一の山

標高●3776m
歩行時間●10時間35分
（2日間合計）
レベル●慣れてきたら

今も昔も、多くの人々に愛され続ける日本一の山。
岩や砂の荒涼とした景色、山頂から眺める大パノラマ、そして御来光……。
ここでしか見られない景色に、誰もがあこがれます。

ぜひ体験してみたい「山頂で御来光」。空がオレ
ンジ色に染まり、雲の間から顔を出す太陽。歓声
がわきあがり、どこからともなく「バンザーイ！」
の声が聞こえてきます。その場にいる人みんなで
喜び合う、不思議な、楽しいひとときです。

頭の上には青空が広がり、雲は自分のはるか下に。ここでしか眺められない光景です

　日本人なら誰でも知っている、一度は登ってみたいと思う山。初めての本格的登山が富士山、という人も多いです。富士山には山頂に向かう四つのルートがありますが、途中の山小屋に1泊して吉田ルートを往復するコースを歩きましょう。

　スタートは富士スバルライン五合目。石畳の広場を囲むように数軒のレストハウスが建ち並んでいます。とにかく人が多くてにぎやかで、

売店やレストラン、郵便局もある五合園レストハウス。名物は富士山メロンパン

ここが標高2000mを超えたところだということを忘れてしまいそう。高度に体を慣らすため、五合目周辺で1〜2時間はゆっくりしていきます。食事をしたり、帰りに買うお土産を物色しておくのもいいでしょう。

　しっかり体を慣らしたらスタート。緩やかな登り道が続きます。ここから七合目手前までは観光の馬車も通る道。道にはぽたぽたと馬のふんがあり、独特の臭いを漂わせています。砂地の斜面をゆっくりと登っていくと、登山指導センターのある六合目に到着。当日の気象情報などがボードに掲載されているので、確認をしていくといいでしょう。ここから本格的な登りになります。砂地の斜面にジグザグにつけられた道を歩いていきますが、ここで飛ばしすぎない

1.はじめは歩きやすい平坦な道が続きます　2.五合目から七合目あたりまでは草花も見られます　3.来た道を振り返るとすばらしい景色！　4.もうすこし！の言葉がちょっとうれしい　5.剣ヶ峯は日本の最高地点　6.荒々しく溶岩が露出した噴火口。お鉢めぐりで間近に眺められます　7.砂地の道を足を滑らせるように下山をします

よう、ゆっくり歩くことが、バテずに楽しく登るポイントです。ずうっと砂地の緩やかな登り道が続き、やがてごつごつした溶岩の岩場が始まると、ほどなく七合目の山小屋が登場。ひたすら足を動かしてきて、ようやく出合った人工物に、ちょっとだけホッとします。七合目からは次々に山小屋が現れ、見上げると山小屋がまるでひな壇のように連なっています。

　岩場の道が続きますが、鎖があったり、岩にペンキでマーキングがしてあるので、迷うところはありません。見上げると山小屋が点々と連なり、来た道を振り返ると、山中湖や周辺の

どんな山がみえるか確認

オンタデの花

山々が小さく眺められます。自分のいるところよりも下に雲が広がっている様子は、本当に気持ちのいいものです。1泊で登頂をする場合は、七合目から本八合目の間にある山小屋に宿泊をするといいでしょう。ゆっくり食事をとり、出発時間までしっかり睡眠を取っておきましょう。

　七合目上部の東洋館を過ぎると標高はいよいよ3000mを超えます。溶岩の岩場はこのあたりでいったん終わり、砂地のジグザグ道になります。八合目、本八合目を過ぎ、八合五勺（はちごうごしゃく）まで来ると、その先は山頂まで山小屋はありません。九合目、鳥居をくぐるといよいよラストスパート。睡眠不足や疲れから高度障害が出ることも

121

▶ Hiking data

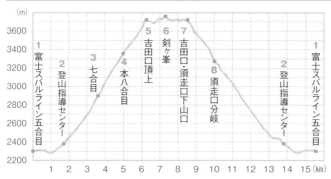

Graph labels (left vertical axis in meters): 3600, 3400, 3200, 3000, 2800, 2600, 2400, 2200

1 富士スバルライン五合目
2 登山指導センター
3 七合目
4 本八合目
5 吉田口頂上
6 剣ヶ峯
7 吉田口・須走口下山口
8 須走口分岐
2 登山指導センター
1 富士スバルライン五合目

横軸: 1 2 3 4 5 6 7 8 9 10 11 12 13 14 15 (km)

▶ Info

山頂で御来光を迎えるなら、八合目より上の山小屋に泊まるといいでしょう。しかし標高が高いぶん、高度障害が出やすくなります。山小屋では体をしっかり休めて、水分を多めにとりましょう。夜間登山は登山道が渋滞します。夏でも冬並みの寒さになるので防寒対策はしっかりと。

▶ Course time

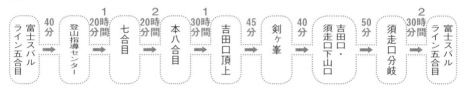

富士スバルライン五合目 →40分→ 登山指導センター →1時間20分→ 七合目 →2時間20分→ 本八合目 →1時間30分→ 吉田口頂上 →45分→ 剣ヶ峯 →40分→ 吉田口・須走口下山口 →50分→ 須走口分岐 →2時間30分→ 富士スバルライン五合目

ありますが、深く呼吸をしながら、ゆっくり足を進めていきます。上に建物が見えると、久須志神社の建つ吉田口頂上。大勢の人でにぎわう山頂で、改めて周りを眺めてみましょう。雲ははるか下にあり、周囲の山々が雲の上から頭を出していたり。自分の足で登らなくては見られない、日本一の高さで見る景色に感動します。

体力と時間にゆとりがあれば、富士山の噴火口を時計回りに一周めぐる「お鉢巡り」をしてみましょう。1周1時間25分ほど。富士山の最高地点は剣ヶ峯。吉田口頂上のちょうど真向かいにあり、剣ヶ峯からは日本アルプスや八ヶ岳などの山々がきれいに眺められます。

吉田口頂上からは、下山専用通路を使って下ります。ざらざらとした砂や小石の道をどんどん下っていくと本八合目。ここから、吉田口と須走口に下山道が分岐するので、「吉田口」に向かって降ります。須走口に入ってしまうと、全く違う登山口に着いてしまうので要注意。道はずうっと砂地、ジグザグに下っていきます。長い道のりでかなり疲れているので、足に踏ん張りがきかず、転びやすくなっています。眺めのいいところで休みを入れつつ歩きましょう。ひたすら下るうちに登山道と下山道が合流し、六合目の登山指導センターに到着。来た道を戻り、富士スバルライン五合目に向かいます。

富士山info

富士山って普通の山とどう違う？　ホントに私にも登れる？
そんなあなたに、「楽しい富士山への道」をご案内。

▶ 富士山には4つのルート | 一般的に登られているのは吉田ルートです。

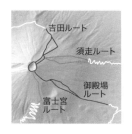

吉田ルート
須走ルート
御殿場ルート
富士宮ルート

- **吉田ルート**…アクセスが便利で山小屋も多く、初心者でも安心。登山ツアーの多くもこのルートを使っています（右ページ参照）。
- **富士宮ルート**…日本最高地点である剣ヶ峰への最短ルートですが、かなりの急勾配を一気に登るので健脚向け。
- **御殿場ルート**…標高差・距離ともに4コース中一番長い体力勝負ルート。下山道は豪快な砂の斜面。
- **須走ルート**…六合目あたりまで緑が多く、自然を楽しみたい山好きさんにおすすめです。

 ## 富士山のあるき方

歩く距離も長くハードな山。気候は厳しく、独特のルールもあります。登頂するためにも準備はしっかりと。

◆高山病にならないために

　高山病とは、酸素の濃度が低くなる標高の高い場所で、頭痛や吐き気を催す症状です。

1、体調のいいときに登る

　少し調子が悪いと、高所では「すごく調子が悪い」に。**風邪気味、寝不足、二日酔いは絶対に避けること**。調子が悪いと思ったら引き返して。

2、五合目で1時間以上滞在

　標高に体を慣らします。食事をしたり、売店を見たり、少なくとも1時間以上、できれば1.5〜2時間くらい滞在しましょう。

3、ゆっくりゆっくり歩く

　標高に体を慣らし、体力を温存するため、いつもの**街歩きの半分程度のゆっくりペース**で。細く長く、深い呼吸を意識して歩きます。

4、山頂御来光にこだわらない

　感動が得られる山頂御来光ですが、条件はかなり過酷。体への負担を考えると、七合目あたりの山小屋で泊まり、本八合目あたりで御来光を迎えながら山頂を目指す……というのも一案です。

◆富士山の山小屋事情

　富士登山をする人に寝る場所と食事を提供する

のが主な目的なので、快適さを重視する観光地の宿泊施設とはかなり異なります。

- **予約**　予約による定員制が大半。電話または山小屋のサイトからネットで宿泊予約を。1泊2食付き9000〜1万3000円前後。
- **食事**　夕食はカレーが定番。朝食は夕食後にお弁当で受け取る形が多いようです。
- **客室**　大部屋に二段ベッドの寝室がある山小屋が多いです。夕食を終えたら出発の準備を済ませて、出発時間までベッドで眠ります。人も大勢で眠れない……かもしれませんが、目を閉じて横になっているだけでも体は休まりますよ。
- **トイレ**　100〜300円のチップを払って入ります。宿泊者もビジターも同じです。
- **水**　富士山の山小屋には水道がありません。飲み水は持っていくか、山小屋の売店で買います。手や顔をふくのにはウエットティッシュが便利。

◆登山のできる期間

　山小屋が開いているのは例年7月〜8月（場所により9月中旬まで）です。山小屋の営業している期間に登りましょう。

2 さぁ、富士山に向かおう

四つの登山ルートのうち、今回紹介の富士スバルライン五合目へのアクセスを紹介します。

・電車・バス…富士急河口湖駅から富士急行バスで55分（1570円）、富士スバルライン五合目下車。
※新宿や横浜など、各地からの直行バスもあり。
・クルマ…中央自動車道河口湖ICから富士スバルラインで。五合目には約300台駐車場があるが、山開きの期間中はマイカー規制が行われている。期間中は富士北麓の富士山パーキングからシャトルバス（片道約50分）で富士スバルライン五合目へアクセスする。

[登山ツアーを有効活用]

旅行会社の主催する「富士登山ツアー」に参加するのも一案。添乗員やガイドがペース配分をしながら歩いてくれる団体旅行タイプのほか、添乗員の同行しない、往復のバスと山小屋の宿泊、帰りの温泉がセットになったフリータイプのツアーも多いです。「富士山　ツアー」で検索すると、多くのツアーがあります。

◆富士山保全協力金
　環境保全や、登山者の安全対策を目的とした制度で、登山口で協力金1000円を支払います。登山口ごとに木札などの記念品もありますよ。

◆富士山は夏でも寒い
　計算上、標高が1000m上がると気温が6度下がります。街で気温が30度のときでも、標高3776mの富士山は10度以下、風が吹くと気温はさらに低く感じます。夏でもフリースや防風のアウター、手袋は必須アイテムです。特に御来光登山は寒さ対策を万全に。

◆お昼ご飯やおやつ
　山小屋ではラーメンやおでんなどの軽食、パンなどを販売しています。とはいえピーク時は非常に込み合うので、おにぎりやパンなどすぐ食べられる

ものを持っていきましょう。

◆富士山便利アイテム
　通常のハイキングの持ちものに泊まり用の装備（P116参照）を足したもの。富士山ならではの持ちものはこれ。

・砂ぼこり対策　特に下山のとき、乾いた砂の斜面を歩くと砂ぼこりがたちます。フェイスマスク（普通のマスクでも可）、登山用スパッツ（ズボンの裾から靴に砂利が入るのを防ぐ）、サングラスやゴーグルがあるといいです。

・疲労対策　疲れてくると足元が不安定になり転びやすくなります。ストックがあると便利です。山小屋などで売っている金剛杖も同じ役割。山小屋で焼印を押してもらえる（有料）ので登山の記念にもなりますよ。

吉田ルートの山小屋リスト

五合目		日の出館	0555-24-6522	太子館	0555-24-6516	本八合目江戸屋	090-7031-3517
佐藤小屋	090-3133-2230	七合目トモエ館	0555-24-6521	蓬莱館	0555-24-6515	八合五勺	
富士山みはらし	0555-72-1266	鎌岩館	080-1299-0223	白雲荘	0555-24-6514	御来光館	0555-73-8815
六合目		富士一館	080-1036-6691	元祖室	090-4549-3250	山頂（吉田口・須走口）	
里見平・星観荘	0555-24-6524	鳥居荘	0555-84-2050	本八合目		山口屋	090-5858-3776
七合目		東洋館	0555-22-1040	富士山ホテル	0555-24-6512	扇屋	090-1563-3513
花小屋	0555-24-6523	八合目		本八合目トモエ館	0555-24-6511		

緑いっぱいの中で過ごした一日。

たくさん歩いて、いろんなものを見て、感じて。

山歩きって楽しい、そして気持ちいいんだな。

また、山に行こうね。今度はどこへ行こうかな。

取材・本文執筆

西野　淑子（にしの・としこ）

関東近郊を中心にオールラウンドに山を楽しんでいるフリーライター。日本山岳ガイド協会認定登山ガイド。著書に『アルプスはじめました』（実業之日本社）、『女子のための！週末登山』（大和書房）など。NHK文化センター『東京近郊ゆる登山講座』講師。風を感じ、草花に目を止め、のんびり歩くのが好き。

写真	和氣　淳
	磯部祥行（P52-53）
	小暮和子（P104）
イラスト	鈴木みき
取材協力	山で出会ったたくさんのみなさん
装丁・本文デザイン	工藤亜矢子・OMUデザイン
地図制作	株式会社千秋社

東京近郊ゆる登山　改訂版

2021年10月21日　初版第1刷発行

著者	西野淑子
発行者	岩野裕一
発行所	株式会社実業之日本社
	〒107-0062
	東京都港区南青山5-4-30
	CoSTUME NATIONAL Aoyama Complex 2F
電話	【編集部】03-6809-0452
	【販売部】03-6809-0495
	https://www.j-n.co.jp/
印刷・製本	大日本印刷株式会社
DTP	株式会社千秋社